Marie-Louise Winning

Une année pour découvrir la lecture

GS - début CP

RETZ

1, RUE DU DÉPART
75014 PARIS

Sommaire

Mandarine, la petite souris

Janosch
Le petit homme à la pomme

La belle lisse poire
du prince
de Motordu
folio benjamin

Introduction

Cet ouvrage présente des séquences de « lecture découverte » qui entraînent les enfants, dès leur plus jeune âge, à développer un comportement de lecteur, à construire du sens et à s'approprier progressivement le fonctionnement de l'écrit de manière attrayante et ludique.

Les séquences décrites ici sont le fruit d'une expérience vécue dans une classe de « moyens-grands » (enfants de 4 à 6 ans) en maternelle. Cette expérience montre par quelles démarches et par quelles stratégies des enfants qui ne savent pas encore déchiffrer s'y prennent pour apprendre à lire.

Cette démarche met l'accent sur l'importance des attitudes et des stratégies qui entrent en jeu dans l'acte de lire : recherche de sens, prises d'indices, anticipation, émissions d'hypothèses, vérifications, rectifications, comparaisons, déductions…

Dans ces séquences de « lecture découverte », l'enfant est confronté à un véritable « problème » qui doit être résolu : découvrir l'inconnu à partir de ce qui est connu. Les enfants vivent cette activité comme un jeu de devinettes : ils questionnent le texte en utilisant de multiples stratégies qui s'appuient sur l'anticipation, les prises d'indices et sur des savoirs accumulés.

Cette méthode, où l'enfant construit lui-même son savoir, où il est l'acteur principal, est respectueuse du rythme de chacun. Les échanges, les confrontations de points de vue multiplient les prises de conscience et améliorent les procédures et les stratégies de chacun.

Le rôle de l'enseignant est essentiellement celui de médiateur : il pose des questions, apporte une information supplémentaire pour relancer l'intérêt. Il observe les enfants et évalue les acquisitions.

Les albums

Les textes proposés sont en relation avec des albums familiers aux enfants ; ils répondent à une résonance affective, provoquent une attitude de recherche enthousiaste en liant le plaisir à l'apprentissage.

Les albums, par leur spécificité et leur richesse, sont une source d'inspiration et se prêtent à des activités très diverses pour atteindre des objectifs différents.

Les repères narratifs (la connaissance orale de l'histoire dans ses points essentiels) permettent aux enfants d'accéder plus facilement au texte. Ils évitent les hypothèses trop extravagantes et les fausses interprétations dans la vérification de celles-ci. La mise en relation de l'oral et de l'écrit favorisera les capacités à traiter les marques linguistiques.

Démarche pédagogique de la « lecture découverte »

Pratiquer la « lecture découverte », en suscitant un questionnement face à un texte, développe chez l'enfant une attitude de curiosité, d'intérêt, d'attention, un comportement comparatif et d'anticipation, à condition que le texte soit adapté à son âge et qu'il y ait suffisamment de référents pour pouvoir prélever des indices et émettre des hypothèses cohérentes.

Avant de proposer un texte aux enfants

L'enseignant s'assure qu'ils ont un « connu » en rapport avec le contenu du texte. Il doit prévoir des « outils de référence » suffisants pour permettre à l'enfant de questionner l'écrit sans être découragé et éviter qu'il se sente en situation d'échec.

L'histoire, racontée les jours précédents, permet de donner aux enfants des repères narratifs. Quelques « mots clés » (noms des héros ou personnages, mots fréquents de l'histoire) seront étudiés et répertoriés sur un lexique mural provisoire.

Exploration collective du texte

Les enfants questionnent l'écrit (recherchent le sens du texte) en prélevant des indices et en émettant des hypothèses qu'ils vérifient ensuite :
- en se référant aux illustrations (éventuelles) ;
- en repérant le titre, les mots connus, les marques de ponctuation ;
- en tenant compte de la structure particulière des phrases (selon le cas) ;

- par la mise en relation de l'écrit avec l'oral (connaissance narrative de l'histoire) ;
- en repérant les mots inconnus par analogie avec d'autres mots connus (« ça commence comme », « c'est pareil que »...) ou en se référant au contexte ;
- en mettant les mots en relation et en tenant compte de leur organisation ;
- par le déchiffrage partiel ou total.

Intérêt pédagogique

Les enfants apprennent à échanger leurs points de vue, argumenter, établir des relations, s'organiser, structurer leurs pensées.

Les hypothèses intuitives deviennent plus rationnelles et plus cohérentes, essentiellement liées au sens, au contexte et à la graphie du mot.

Ils exercent la mémoire et la discrimination auditive et visuelle. Plus le « capital de mots » augmente, plus les enfants sont amenés à faire des comparaisons entre les mots. Ils découvrent progressivement les relations graphophonétiques et utilisent de plus en plus souvent le déchiffrage partiel (ou même total) pour vérifier leurs hypothèses.

L'enseignant encourage les enfants à expliquer leurs démarches : « Comment s'y est-on pris pour trouver un indice, un mot ou le sens d'un texte ? » Ces prises de conscience leur permettront peu à peu de comprendre le fonctionnement de l'écrit.

Conclusion

Ces procédés pédagogiques, fondés sur la recherche du sens dans l'écrit, développent chez l'enfant des attitudes et des stratégies qui l'aideront à devenir un bon lecteur.

Dans la pratique quotidienne de ces activités (dont la durée moyenne est de 15 à 20 minutes), les enfants se constituent progressivement un capital de connaissances et de compétences qui les conduira à savoir lire avant même d'avoir appris toutes les règles linguistiques.

En maternelle, il est important que les enfants fréquentent régulièrement la BCD mettant à leur disposition des livres variés. En faisant vivre l'album en classe, les enfants seront amenés à consulter ces livres fréquemment, avec un plaisir sans cesse renouvelé, pour réinvestir les compétences qu'ils ont acquises et pour faire de nouvelles découvertes à chaque lecture.

Exemple de dictionnaire

Jouer avec le dictionnaire des mots

(fiche préliminaire)

Chaque enfant ayant son dictionnaire de référence, les jeux proposés ici lui permettent de mémoriser des « mots-clés », qui constitueront une partie de son « connu ».

Repérer les groupes phonétiques

Copie tous les mots que tu peux frapper deux fois.

Lili   Gugus   maman   papa   bébé

Identifier un mot

En t'aidant de ton dictionnaire, lis les mots et fais le dessin correspondant.

papa   maman   la pomme   mange

Recopier des mots

Sous chaque dessin, recopie le mot qui convient en consultant ton dictionnaire.

maman ....

Repérer des mots

Dans ton dictionnaire, recherche les mots qui contiennent un I et un A.

A	I
maman	Lili
mange	lit
papa	
dans	

Construire une phrase

a. En t'aidant de ton dictionnaire, copie les mots correspondant à cette phrase codée.

  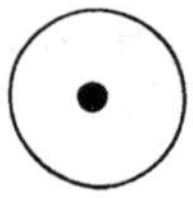 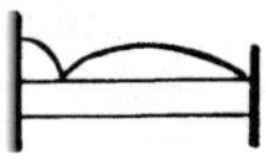

bébé ours ....

b. Avec ton dictionnaire, invente une phrase.

  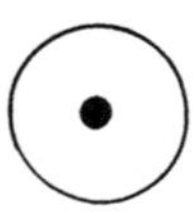 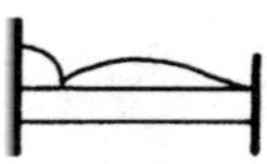

....

Retrouver la silhouette des mots

Recopie les mots qui conviennent dans chaque maison.

Lili	Gugus

Compléter une phrase

En t'aidant de ton dictionnaire, complète les phrases suivantes.

Lili mange *la pomme*.

Gugus dort dans le lit.

Bébé ours *dort* dans le lit.

Compléter un mot

Une lettre s'est « envolée » ! En t'aidant de ton dictionnaire, copie la lettre qui manque dans chacun de ces mots.

mam . n p . pa gugu . . ange

Reconstituer un mot

Les lettres « envolées » : peux-tu reconstituer un mot avec ces lettres ?

m n a a m *maman*

Classer des mots de même genre

Copie tous les verbes (« les actions ») : mange, dort...
Copie tous les noms d'animaux, tous les noms de personne, de chose, etc. Par exemple, noms de chose : le lit, la pomme...
Copie les mots qui commencent par une majuscule : Lili, Gugus.

Exemple de dictionnaire

Lili

Gugus

maman

papa

la pomme

mange

papa ours

maman ours

bébé ours

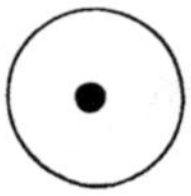

dans

dort

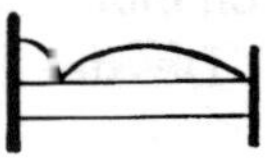

le lit

Exemple de dictionnaire

Jouer avec le dictionnaire des prénoms

(fiche préliminaire)

Nous reprenons ici le même type d'exercices que précédemment mais, cette fois-ci, avec les prénoms. Ici, les enfants ont choisi des « signes » représentant leurs prénoms.

Repérer les groupes phonétiques

Copie tous les prénoms que tu peux frapper trois fois.

Vanessa Michaël Ornella Jérémy Anthony Augustin

Identifier un mot

Dessine le signe correspondant à chaque prénom.

Mickaël	Thomas	Margaux	Ali

Écris le prénom qui convient sous chaque signe.

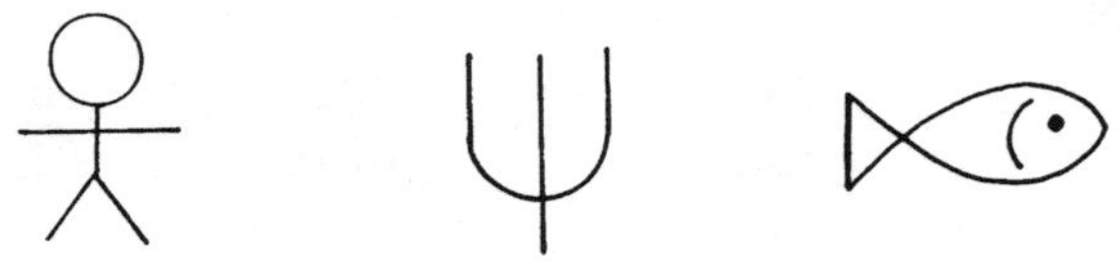

Jérémy . . . .

Déterminer le genre des mots

Copie deux prénoms de fille et deux prénoms de garçon.

Filles	Garçons
Vanessa	René
Karen	Thibaud

Repérer et recopier des mots

Copie quatre prénoms qui contiennent un « i ».

Ali *Marine* *Augustin* *Mickaël*

Identifier des mots selon un critère donné

Copie le prénom qui a le plus de lettres : Annabella.

Copie le prénom qui a le moins de lettres : Eva, Ali.

Copie trois prénoms avec cinq lettres : Fanny, Julia, Chloé.

Copie tous les prénoms qui se terminent par un « y » : Jérémy, Anthony, Fanny.

Copie tous les prénoms qui commencent par un « M » : Matthieu, Marion, Margaux, Marine.

Classer les mots

Copie tous les prénoms du groupe des « rouges » : Eva, Jérémy, Chloé, Ornella, Mikael, Xavier.

Retrouver la silhouette des mots

Copie les prénoms qui conviennent dans chaque maison.
Exemple : Eva, Fanny, Chloé.

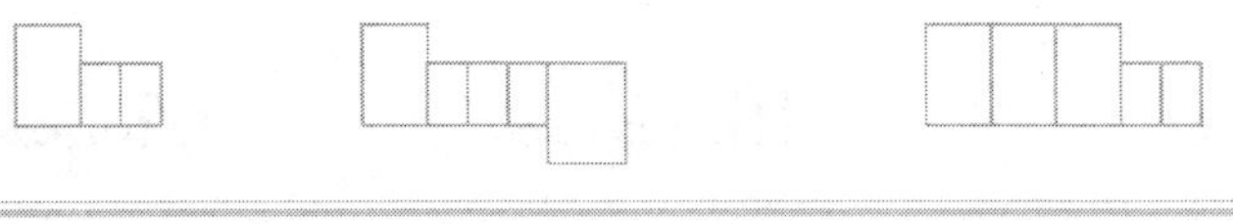

Reconstituer un mot

En consultant ton dictionnaire, peux-tu reconstituer des prénoms avec les syllabes « envolées » :

Ma lia	So phie	Ju mas	rion Tho
Marion	Sophie	Julia	....

Exemple de dictionnaire des prénoms

Marion

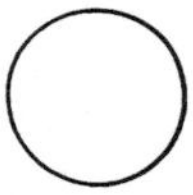
Xavier

Marine

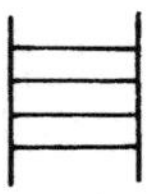
Thibaud

Jérémy

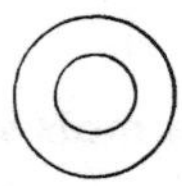
Anthony

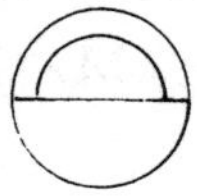
Matthieu

Annabella

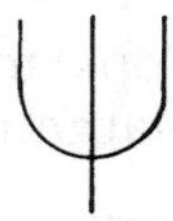
Florent

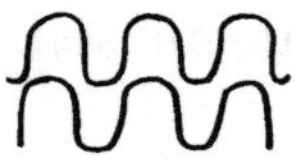
Eva

Margaux

Augustin

Jouer avec des albums

Nous proposons ici quelques jeux pour identifier et comparer des albums.

Savoir interpréter une image

Objectifs Rechercher du sens en observant une image. Trouver le sujet d'un livre en observant la couverture. Apprendre à lire et à décrire une image.

Consigne Repérer les livres traitant d'un sujet particulier.

Exemples Retrouver les livres qui « parlent » de :
- saisons (hiver, printemps, été, automne) ;
- animaux (lapin, cheval, loup, ours...) ;
- personnages (fée, sorcière, monstre, ogre, lutin...) ;
- histoires (tristes, gaies, effrayantes...).

Identifier les couvertures

Objectif Reconnaître la couverture des albums.

Matériel Photocopie des couvertures des albums.

Consigne Retrouver le livre correspondant à chaque image.

Identifier le titre des albums

Matériel Photocopie des titres des albums connus des enfants.

Consignes Identifier le livre qui correspond à chaque titre. Faire nommer le titre par les enfants.

a) Identifier le titre en se référant au modèle (le titre du livre).

b) Identifier le titre sans modèle : faire correspondre une étiquette avec le titre à une photocopie de la couverture dont on aura effacé le titre avec du fluide correcteur.

Associer les personnages à un livre

Matériel Photocopie des personnages des livres.

Consigne Faire correspondre à chaque livre le(s) personnage(s) qui conviennent.

Repérer l'extrait d'un livre

Matériel Photocopie d'une illustration de plusieurs livres connus des enfants.

Consigne Retrouver l'illustration correspondant à chaque livre.

Suite logique d'une histoire : images séquentielles

Matériel Photocopie de trois illustrations d'un livre, cela pour quatre albums bien connus des enfants.

Consigne Sélectionner les quatre livres. Placer à côté de chaque livre les trois images dans l'ordre en respectant la suite logique de l'histoire.

Notions : avant, après.

Classement en se référant à la suite logique de l'histoire

Matériel Photocopie des personnages d'un livre.

Consigne Classer les personnages du premier au dernier en se référant à la suite logique de l'histoire.

Exemples

Les bons amis : le lapin, le cheval, le mouton, le chevreuil.
Roule galette : le lapin, le loup, l'ours, le renard.
La course : le lapin, le coyote, l'élan, le loup, l'ours.

Memory ou jeu de famille

Matériel Photocopies des personnages des albums connus des enfants. Photocopie de la couverture de ces albums.

Consigne du joueur

Chaque joueur a une étiquette avec la couverture d'un livre (quatre joueurs). Les étiquettes avec les personnages sont mélangées et posées à l'envers sur la table. À tour de rôle, chaque joueur retourne une étiquette et nomme le personnage. Si ce personnage est contenu dans le livre du joueur, celui-ci ramasse l'étiquette, sinon il la remet à l'envers. Le joueur suivant doit mémoriser l'emplacement de cette image si le personnage fait partie de son livre. Le premier qui a tous les personnages de son livre a gagné !

Remarque
Il est important que le nombre de personnages des livres sélectionnés soit le même.

Exemples : livres avec deux personnages :
– Chante pinson : l'écureuil et le pinson.
– Boucle d'Or : Boucle d'Or et les trois ours.
– Poule rousse : Poule rousse et le renard.

Livres avec sept personnages : La folle tournée du Père Noël, Roule galette.

Identifier le nom des personnages connus

Matériel Photocopie des personnages connus. Étiquettes avec le nom du personnage.

Consigne Placer sous chaque image le nom qui correspond.

Exemple : Boucle d'Or, Pinson, Pirouette, Michka, Chico, Monsieur Lapin, Poule rousse, Aglagla, Marlaguette.

Remarque
Les enfants habitués à reconnaître les titres des livres identifient facilement les noms des personnages principaux des albums.

Jeu de loto : identifier le titre (4 joueurs)

Matériel Quatre planches ; sur chacune d'elles, quatre photocopies de couverture des livres connus des enfants.

16 étiquettes avec les titres correspondant aux livres des planches (format réduit des couvertures et des titres).

Consigne Les étiquettes avec les titres sont mélangées et placées sur un tas. Les joueurs ont une planche et, à tour de rôle, retournent une étiquette avec le titre. Si le titre correspond à un livre représenté sur sa plaque, le joueur pose l'étiquette sous le livre correspondant. Le premier qui a complété sa plaque a gagné.

Puzzles : reconstituer la couverture ou le titre d'un livre

Matériel Photocopie de la couverture d'un album collée sur un carton rigide. Découper le carton en plusieurs morceaux.

Consigne Reconstituer l'illustration. L'enfant peut avoir deux ou trois images à reconstituer en même temps.

Variante

Même jeu avec plusieurs titres (agrandis) d'album collés sur du carton rigide. Découper chaque titre en deux parties : il faut alors les reconstituer.

Exemple

Michka	Poule Rousse	Calinours se réveille
Un poisson est un poisson	Marlaguette	

Remarque

Pour chacun des albums, respecter le type de caractères de la couverture.

Identifier différentes formes graphiques

Objectif Retrouver les trois étiquettes avec le même titre écrit différemment.

Matériel Jeu de loto : quatre plaques avec deux photocopies de couverture de livres différents (photocopies réduites).

Étiquettes avec les titres écrits en cursive, en script et en majuscules.

Consigne Chaque joueur a une plaque avec deux albums différents représentés sur chaque plaque.

Les étiquettes sont mélangées et placées sur l'envers.

Chaque joueur retourne une étiquette avec un titre.

Si le titre correspond à un album représenté sur sa plaque, il pose l'étiquette sous l'illustration de l'album.

Le joueur qui a placé ses six étiquettes sur sa plaque (trois étiquettes pour chaque album) a gagné !

Identifier l'extrait d'un livre

Matériel Photocopies de plusieurs textes de quelques livres connus des enfants. Les coller sur un carton rigide.

Consigne Retrouver de quel livre le texte a été extrait.

Remarque

Choisir des livres avec des textes aux graphies très différentes ou ayant une disposition particulière.

Exemple : « Calinours se réveille » écrit en cursive ; « Il ne faut pas habiller les animaux » écrit en caractères gras ; « Bon appétit Monsieur lapin » : texte court répétitif. « Bonjour poussin » : petit texte situé au milieu d'une page blanche...

Choisir des textes dans lesquels l'enfant peut repérer des mots connus (personnages du livre, mots étudiés) qui lui permettront d'identifier l'album correspondant.

Identifier des mots connus

Matériel Albums connus des enfants.

Consigne Rechercher tous les mots connus dans le livre ; les recopier et les relire.

Remarque

Ce jeu peut se faire avec un petit groupe (trois ou quatre enfants).

Jeu de famille

Objectifs Identifier les personnages d'un album. Le premier joueur qui a regroupé les quatre personnages de son livre a gagné !

Matériel Photocopies des couvertures de quatre albums différents contenant le même nombre de personnages (photocopies réduites collées sur des étiquettes cartonnées).

Étiquettes avec les personnages des livres (16 : 4 x 4 ; photocopies réduites).

Consignes Chaque joueur a une plaque avec la couverture d'un livre. Deux cartes sont distribuées à chaque joueur, les autres sont placées sur un tas au milieu de la table.

Chaque joueur, à tour de rôle, peut piocher une carte, ou bien demander à son partenaire un personnage pour compléter sa famille.

Memory ou jeu de mariage

Objectifs Identifier deux personnages d'un album. Le joueur qui a le plus de cartes à la fin du jeu a gagné !

Matériel Douze étiquettes avec six « couples » de deux personnages principaux de six albums.

Exemple

Marlaguette et le loup (Marlaguette),
La marguerite et le mouton (Le conte de la marguerite),
Pinson et écureuil (Chante pinson),
Poule rousse et le renard (Poule rousse),
Chico et Amalia (Chico),
Le cerf et le lapin (Le grand cerf),
Ernest et Célestine (Ernest et Célestine).

Consigne Mélangées, les étiquettes sont posées à l'envers sur la table, en colonnes.

Les joueurs, à tour de rôle, retournent deux étiquettes. Si le joueur a deux personnages d'un seul album, il ramasse les images et rejoue. S'il a deux personnages de deux albums différents, il les remet à l'envers.

Les autres joueurs doivent mémoriser leur emplacement.

Remarque importante pour tous ces jeux

Pour permettre aux enfants d'augmenter rapidement leur capital de mots, il est conseillé de faire correspondre à chaque personnage le mot qui le désigne. Ainsi, par le jeu, les enfants mémoriseront rapidement ces mots.

Éric Hill
Édition
Nathan

Comparaison entre quatre albums

Nous proposons ici un travail sur quatre albums d'une même collection, qui racontent les aventures d'un même personnage : Spot, le petit chien.

Objectif Retrouver des albums qui « parlent » du même personnage.

Identifier les titres : lecture découverte

Quatre étiquettes portant le titre de quatre livres connus.

SPOT PART EN FORÊT	LA PREMIÈRE PROMENADE DE SPOT
OÙ EST SPOT, MON PETIT CHIEN ?	SPOT VA À L'ÉCOLE

Démarche

Identifier le prénom Spot. Identifier les mots connus (forêt, est, petit, va, l'école). Repérer les autres mots par déduction et selon leur emplacement.

a) **Spot va à l'école** est vite identifié (tous les mots sont connus).

b) Spot .... forêt : **part** et **en** sont devinés par déduction grâce à l'emplacement des mots. Les hypothèses émises sont vérifiées : c'est **part** parce que ça commence comme **papa** !

c) ... est Spot .... petit .... : les titres étant mémorisés, les enfants repèrent les mots inconnus en se référant à la connaissance orale du titre : petit est associé à chien. Vérification des hypothèses : certains enfants affirment que c'est **chien** parce que ça commence comme **Chico** ! C'est **mon**, parce que ça commence par un **m** !...

d) La .... de Spot : il ne reste qu'un album, c'est *La première promenade de Spot.*

Autre exemple

CALINOURS VA À L'ÉCOLE	CALINOURS VA FAIRE DES COURSES
CALINOURS SE RÉVEILLE	

Mots connus ou mots faciles à déchiffrer : Calinours, va, à, l'école, se.

Démarche

Les mots identifiés suffisent à trouver les trois titres sans confusion. Les hypothèses émises sont vérifiées par prises d'indices : emplacement des mots dans le groupe de mots, identification de lettres ou de phonèmes.

Applications

Faire correspondre le titre à chaque album (photocopies des couvertures).
Entourer les mots identiques dans les groupes de mots.

SPOT part en forêt. SPOT va à l'école. Où est SPOT, mon petit chien ?

Classer les titres qui « parlent » du même personnage.

La naissance de la sorcière Camomille
La sorcière Camomille et le château hanté

Spot va à l'école
Spot part en forêt
Où est Spot, mon petit chien ?

Éric Hill
Éditions Nathan

Identifier un mot par le biais d'une image

Dans ces aventures de Spot, le petit chien, certains mots sont cachés sous des volets illustrés. Les enfants peuvent ainsi participer à la lecture de l'adulte en « lisant » les dessins.

Le premier jour

Objectifs Anticiper le sens d'une histoire grâce aux dessins. Prélever des indices dans les illustrations.

Situation Présentation de l'album sans raconter l'histoire. L'enseignant le montre aux enfants en leur demandant de quoi parle cet album.

Consigne En observant les dessins, deviner de quoi parle ce livre et essayer de raconter l'histoire tout seul.

Présentation de la première page

Quelle belle journée ! La classe de  prend l'  pour aller se promener en  . « Partons à l'aventure ! », dit madame  .

Les hypothèses émises sont nombreuses (en référence aux illustrations).

LES ENFANTS – *Spot part en excursion avec l'autobus !*
– *Ils vont dans une forêt.*
– *Il y a aussi un hippopotame, un crocodile et un ours.*
– *Ça doit être les amis de Spot !*
– *C'est l'ours qui conduit l'autobus !*

Présentation de la deuxième page

« Oh, la jolie  ! », dit Hélène. « J'entends une  », dit Tom. « Regardez, il y a un  dans l'  tout là-haut ! » crie Spot tout à coup.

Plusieurs hypothèses sont émises.

LES ENFANTS – *Ils sont arrivés dans la forêt.*
– *Il y a un écureuil sur l'arbre.*
– *Spot essaye de grimper sur l'arbre !*
– *L'hippopotame voit une petite coccinelle.*

Le deuxième jour

Objectifs Vérifier, confirmer ou rectifier les hypothèses.

Situation L'enseignant raconte l'histoire. Il peut faire participer les enfants à la lecture : il lit les mots, les enfants lisent les images.

L'ENSEIGNANT – *Quelle belle journée ! La classe de...*
LES ENFANTS – *Spot !*
L'ENSEIGNANT – *prend...*
LES ENFANTS – *l'autobus !*
L'ENSEIGNANT – *pour aller se promener en...*
LES ENFANTS – *forêt !...*

Cette manière de raconter permet aux enfants de participer à la lecture, avant qu'ils ne sachent lire, en leur donnant le sentiment de « savoir ».

À la fin de la lecture, on compare l'histoire avec les suppositions formulées.

On prend conscience que les mots apportent des informations plus précises que les dessins et qu'ils clarifient les liens entre ces derniers (relation des actions entre elles).

LES ENFANTS – *Ah! le crocodile et l'hippopotame sont les petits copains de classe de Spot et l'ours est la maîtresse!*

Le troisième jour

Objectif Vérifier la compréhension de l'histoire.

Situation Présentation du texte : l'enseignant reprend le début de l'histoire de Spot. Au contraire du livre, il écrit le mot sur le volet et dessine sous le volet.

Consigne En se référant au sens de la phrase, deviner le mot écrit sur le volet.

Quelle belle journée ! La classe de [SPOT] prend l' [AUTOBUS]
pour aller se promener en [FORÊT] .
« Partons à l'aventure ! », dit madame [OURS] .

L'enseignant lit les phrases en s'arrêtant à chaque volet : les enfants doivent deviner les mots écrits sur les volets. On soulève chaque volet au fur et à mesure pour vérifier les hypothèses.

Le quatrième jour

Objectif Rédiger un texte « à la manière de » l'histoire de Spot.

Consigne Écrire aux correspondants.
Remplacer par un dessin tous les mots qui peuvent être dessinés.
Présentation : le dessin est sur le volet et le mot dessous.

Situation Les enfants dictent le texte et l'enseignant l'écrit au tableau.

Chers petits amis,

Nous sommes vos petits copains de l'  maternelle.

Notre maîtresse s'appelle . Dans notre classe,

nous avons une poupée qui s'appelle , une marionnette

qui s'appelle . Lili nous a apporté des .

Gugus nous a apporté des 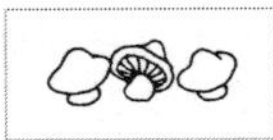. Avec les 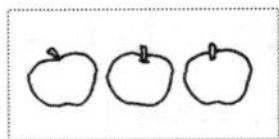

nous avons fait une bonne compote. Nous vous offrons de la compote

de  pour la goûter.

La lettre est relue avec l'aide de l'enseignant.

Le cinquième jour

Objectifs Développer un comportement de lecteur : « deviner » les mots écrits sur les volets en se référant au contexte et au sens logique de la phrase. Vérifier les hypothèses en soulevant les volets et en découvrant le dessin. (Les mots sur les volets ne sont pas encore connus des enfants.)

Boucle d'Or et les trois ours

BOUCLE D'OR va dans la FORÊT . Elle cueille des FLEURS pour sa MAMAN . Elle voit une jolie MAISON . C'est la MAISON des TROIS OURS . Elle boit la SOUPE de BÉBÉ OURS , puis elle va se reposer dans le petit LIT de BÉBÉ OURS .

L'enseignant donne le sujet de l'histoire : « C'est l'histoire de Boucle d'Or et des ours. » Puis il lit les groupes de mots qui ne sont pas écrits sur les volets. Au cours de la lecture, les enfants doivent « deviner » les mots écrits sur les volets en se référant au sens. On vérifie les hypothèses en soulevant les volets.

L'ENSEIGNANT – *... va dans la...*
LES ENFANTS – *L'ours va dans la maison !*
L'ENSEIGNANT – *L'ours va dans la maison. Elle cueille des... pour sa...*
LES ENFANTS – *Ça ne va pas ! C'est Boucle d'Or qui va dans la maison, c'est Boucle d'Or qui cueille des fleurs pour sa maman !*
– *Non, ce n'est pas la maison, c'est la forêt, Boucle d'Or cueille des fleurs dans la forêt !*

On relit en soulevant les volets pour vérifier les hypothèses émises. Ce jeu de devinettes amuse beaucoup les enfants et tous participent très intensément. C'est la surprise de découvrir le dessin « caché » pour savoir si l'on a « gagné » !

Le sixième jour

Objectif Faciliter la lecture par l'association image-mot.
Remarque : le dessin est au-dessus du volet et le mot en dessous (facile).

Consigne Se référer aux images pour lire les phrases interrogatives.

Lecture découverte

Où est Spot, mon petit chien ?

Est-il derrière la 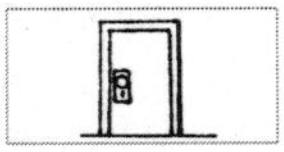 ?

Est-il sous l' 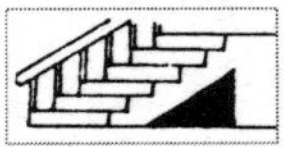 ?

Est-il dans la vieille  ?

Est-il dans le  ?

Grâce aux dessins, les enfants pourront relire facilement ce texte et découvrir les mots en soulevant les volets.

Le septième jour

Présentation : le mot est écrit sur le volet et le dessin est dessous (plus difficile mais intéressant).

Consignes Émettre des hypothèses sur les mots écrits sur les volets. Comparer les mots entre eux. Se référer au sens, au contexte : sélectionner les mots possibles en fonction, par exemple, des prépositions (sur, sous, derrière). Repérer certains indices graphiques pour identifier un mot. Vérifier les hypothèses en soulevant le volet (dessin).

Lecture découverte

Spot n'est pas derrière la PORTE .

Spot n'est pas sous l' ESCALIER .

Spot n'est pas dans la vieille PENDULE .

Spot n'est pas dans le PIANO .

L'enseignant peut lire le premier groupe de mots, « Spot n'est pas derrière la... ». Les enfants doivent deviner de quel mot il s'agit : le petit mot « derrière » permet d'éliminer l'armoire, la boîte, le panier... ; ça ne peut pas être derrière la boîte ou derrière le panier (référence à la connaissance orale de l'histoire).

LES ENFANTS – *Ça doit être derrière la **porte** !*
– *C'est **porte**, parce que ça commence par un **P** et un **O**, ça fait **PO**.*

On vérifie en soulevant le volet.
Spot n'est pas sous... (le tapis).

LES ENFANTS – *C'est peut-être sous le **tapis**, sous l'escalier ou sous le lit ?*
– *Ce n'est pas **lit*** (mot bien connu) *parce que **lit**, ça commence comme **Lili**.*
– *C'est **Spot n'est pas sous le tapis** parce que ça commence par un **T** et un **A**, ça fait **TA**.*

On vérifie en soulevant le volet pour découvrir le dessin.

Autres exemples

a. La poule rousse

Au milieu de la forêt, il y a un  .

Dans le jardin, il y a une  .

Dans la maison, il y a une  .

Elle s'appelle Poule rousse !...

b. Il passe une voiture (comptine)

Dans la voiture, il y a un  .

Dans le panier, il y a de la  .

Dans la paille, il y a une  .

Dans la poule, il y a un 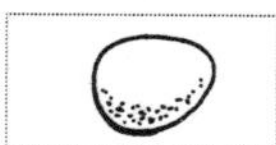 .

Dans l'œuf, il y a..., etc.

Le huitième jour

Objectifs Identifier les mots étudiés. Anticiper un mot manquant en se référant au contexte et au sens logique de la phrase.

Situation L'enseignant propose un texte dont tous les mots sont connus (étudiés). Le sens de la phrase doit amener les enfants à deviner les mots manquants.

Consigne Lire le texte et compléter avec des dessins. (L'enfant peut s'aider de son dictionnaire de référence.)

La fleur est dans le  .

La pomme est sur l' ______ .

Bouboule dort dans le ______ .

L'oiseau vole sur l' ______ .

Le poisson nage dans l' ______ .

Autre album permettant le même travail : *Le poney, le petit ours et le pommier*, Sigrid Huck, Éditions Nathan.

Béatrice Tanaka
et Michel Gay
Éditions Kaléidoscope

Employer une phrase simple : sujet, verbe, complément

Lorsque Coyote voit Lièvre passer comme une flèche, il préfère déguerpir à son tour. Il est bientôt imité par Élan, par Loup, puis par Ours. Mais pourquoi courent-ils tous au juste ?

Le premier jour

Objectif Faire découvrir l'histoire.

Le deuxième jour

Lecture découverte

Texte proposé aux enfants par l'enseignant.

> *La course*
>
> Le lapin court. Le coyote poursuit le lapin. L'élan poursuit le coyote. Le loup poursuit l'élan. L'ours poursuit le loup. Quelle course !

Matériel

a. Dictionnaire affiché par l'enseignant.

le lapin — l'élan — le loup — le coyote — l'ours

b. Étiquettes avec les images des animaux.

Consigne Placer les animaux dans l'ordre de la poursuite.

Les enfants identifient le titre, la course, ainsi que les noms des animaux, avec l'aide du dictionnaire.

LES ENFANTS – *C'est l'histoire de la course !*

LES ENFANTS – *Ce sont les animaux qui se courent après !*

Les enfants remarquent deux noms d'animaux semblables et un mot qui revient dans chaque phrase (**poursuit**).

L'ENSEIGNANT – *Quel est ce mot ? Que fait le coyote ?*

LES ENFANTS – *Il court après le lapin !*

– *Il* ***poursuit*** *le lapin !*

L'ENSEIGNANT – *Que fait le lapin ?*

LES ENFANTS – *Il se sauve.*

– *Il court !*

Une fois le verbe **poursuit** identifié, les enfants n'ont pas de difficulté à relire tout le texte.

Au fur et à mesure de la lecture, on place les images d'animaux les unes derrière les autres dans l'ordre de la poursuite. Les images « se lisent » de droite à gauche.

Le troisième jour

Objectifs Prendre conscience que les phrases peuvent être combinées différemment, sans changer le sens de l'histoire.

Lecture découverte

Les phrases restent pratiquement les mêmes mais elles sont classées dans un ordre différent.

La course

Le loup court.
L'ours poursuit le loup.
Le loup poursuit l'élan.
L'élan poursuit le coyote.
Le coyote poursuit le lapin.
Quelle course !

Tout en lisant le texte, les enfants placent les images dans l'ordre de la poursuite ; cette fois les images se lisent de gauche à droite, mais le sens de l'histoire n'a pas changé !

Le quatrième jour

Objectif Prendre conscience que si l'on change l'emplacement des mots dans une phrase, le sens de celle-ci peut en être modifié.

Lecture découverte

La course

L'ours court. Le coyote poursuit l'ours. L'élan poursuit le coyote. Le loup poursuit l'élan. Le lapin poursuit le loup. Quelle course !

Les enfants observent que l'ordre de l'histoire n'est pas respecté !

LES ENFANTS – *C'est pas juste !*
– *Oh ! C'est le lapin qui poursuit le loup !*
– *On n'a jamais vu un coyote qui poursuit un ours !*

En rangeant les images dans l'ordre de cette poursuite au fur et à mesure de la lecture, les enfants s'aperçoivent cette fois que les animaux ne sont plus placés dans le même ordre. En changeant l'emplacement des mots dans les phrases, on a modifié le sens du texte. Ce texte pourra être comparé avec le premier.

Le cinquième jour

Objectifs Retrouver la chronologie de l'histoire. Savoir identifier chaque phrase.

Matériel Une bande par phrase.

Consigne Replacer les phrases dans l'ordre de l'histoire.

L'OURS POURSUIT LE LOUP.	LE COYOTE POURSUIT LE LAPIN.
LE LOUP POURSUIT L'ÉLAN.	L'ÉLAN POURSUIT LE COYOTE.

Le sixième jour

Objectif Compléter un texte avec les mots qui conviennent en respectant la suite logique de l'histoire.

Matériel Le texte + des étiquettes avec des mots.

Consigne Coller les mots à l'emplacement qui convient.

La course

.... poursuit	LE LAPIN	L'ÉLAN
.... poursuit	LE COYOTE	LE LOUP
.... poursuit	L'OURS	LE LOUP
.... poursuit	LE COYOTE	L'ÉLAN

Le septième jour

Objectif Réaliser un petit livre à emporter et à relire à ses parents.
Découper les bandes, puis les agrapher dans l'ordre des numéros.

1.

La course

2.

Le lapin court.

3.

Le coyote poursuit le lapin.

4.

L'élan poursuit le coyote.

5.

Le loup poursuit l'élan.

6.

L'ours poursuit le loup.

7.

Quelle course !

Alain Trebern
Éditions La Farandole D.R.

Décrire chaque image par une phrase simple

***H**istoire sans texte d'une partie de chasse, présentée d'une manière analogue à celle de La course.*

Le premier jour

Situation Présentation du livre. L'enseignant lit le titre : « Qui chasse qui ? »

Consigne Laisser les enfants faire les commentaires se rapportant aux images et découvrir les relations entre elles.

LES ENFANTS – *C'est l'histoire d'une chasse !*
– *C'est la grenouille qui chasse les guêpes !*

Le titre incitera les enfants à utiliser le verbe **chasser**.

Le deuxième jour

Lecture découverte

Texte dicté par les enfants et recopié au tableau par l'enseignant

Qui chasse qui ?

La grenouille chasse les guêpes.
Le héron chasse la grenouille.
La belette chasse le héron.
Le renard chasse la belette.
Le chasseur chasse le renard.
Les guêpes chassent le chasseur, etc.

Afin de faciliter la lecture, chaque phrase peut être illustrée.

Prolongements

Applications

Consignes Compléter un texte. Faire correspondre chaque illustration à la phrase qui convient. Retrouver la chronologie de l'histoire.

Aboutissement

Objectifs Réaliser une poursuite « sans fin ». Emporter l'histoire et la relire à la maison.

Situation Présentation de l'histoire sur un cercle.

Consigne Faire correspondre une phrase à chaque image.

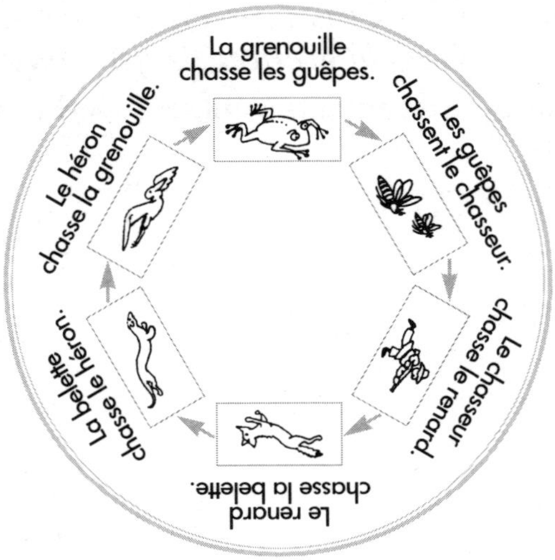

Charlotte Mollet
Éditions Pirouette-Didier

Inventer une suite à une poésie

Ce livre illustre la comptine de la souris verte.

Une souris verte qui courait dans l'herbe,
je l'attrape par la queue,
je la montre à ces messieurs,
ces messieurs me disent :
« Trempez-la dans l'huile, trempez-la dans l'eau, ça fera un escargot tout chaud ! »
Je la mets dans mon chapeau,
elle me dit qu'il fait trop chaud !
Je la mets dans un tiroir,
elle me dit qu'il fait trop noir !
Je la mets dans ma culotte,
elle me fait trois petites crottes !

Le premier jour

Situation Narration de l'histoire.

Objectif Mémoriser la comptine.

Le deuxième jour

Situation Jeu de langage.

Objectifs Familiariser les enfants avec les rimes. Identifier les sons identiques. Développer la discrimination auditive.

Consigne Inventer une suite en respectant la même structure.

Le troisième jour

Lecture découverte

Textes inventés par les enfants

Je la mets
dans une cage,
elle y trouve
du fromage.

Je la mets
dans ma poche,
elle y trouve
une petite cloche.

Je la mets
dans la poubelle,
elle y trouve
une p'tite échelle.

Je la mets
dans mon chausson,
elle y trouve
un p'tit bonbon.

Dictionnaire de référence préparé par l'enseignant

CAGE

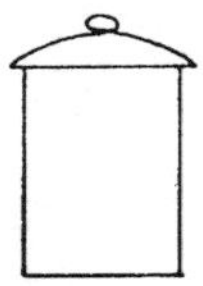
POUBELLE

CHAUSSON

POCHE

Matériel Quatre strophes écrites au tableau + quatre feuilles avec les illustrations correspondant aux strophes (les illustrations sont mélangées).

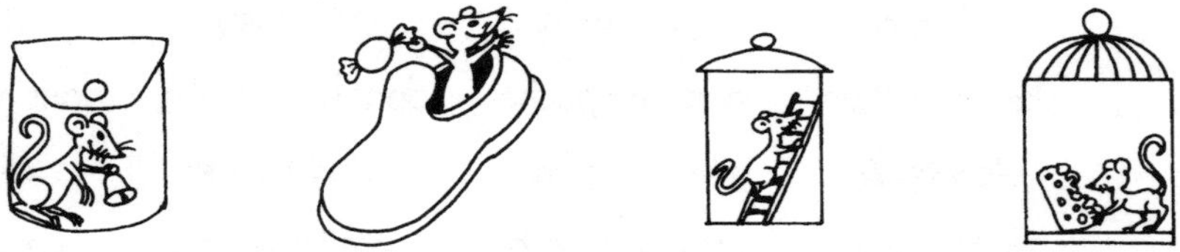

Objectifs Comparer les strophes et les identifier ; faire correspondre l'illustration qui convient à chacune d'elles.

LES ENFANTS, en se référant aux illustrations.

– C'est l'histoire de la souris verte !

Grâce au dictionnaire de référence, les enfants repèrent les mots clés : cage, poubelle, poche, chausson.

On peut lire : « .... dans une cage » ; cela correspond à : « Je la mets dans une cage....... » (connaissance orale de la comptine).

On repère les éléments communs aux quatre strophes : **Je la mets**, **elle y trouve**.

Lecture : « Je la mets dans une cage, elle y trouve du... fromage. » ; **fromage** est « deviné » par sa mise en relation avec **cage**, **cloche** est repéré par sa mise en relation avec **poche**.

Relation entre les mots qui riment et emplacement particulier de ces mots en fin de strophe.

Les strophes mémorisées sont rapidement identifiées ; on fait correspondre à chaque texte l'illustration qui convient.

La correspondance terme à terme entre chaque mot lu et chaque mot écrit n'est pas toujours respectée.

Le quatrième jour

Objectifs Savoir argumenter son choix : prélever des indices qui permettent d'identifier chaque mot (« À quoi as-tu reconnu ce mot ? »).

Identifier certains éléments de la langue : lettres, sons (graphèmes, phonèmes) ; prendre conscience de la relation entre eux.

Consigne Entourer dans chacune des strophes les mots nommés par l'enseignant. Pour chaque mot, utiliser une autre couleur.

Je la mets	Je la mets	Je la mets	Je la mets
dans une cage,	dans ma poche,	dans la poubelle,	dans mon chausson,
elle y trouve	elle y trouve	elle y trouve	elle y trouve
du fromage.	une petite cloche.	une p'tite échelle.	un p'tit bonbon.

L'ENSEIGNANT – *Qui voit le mot **je** dans les quatre strophes ? À quoi l'as-tu reconnu ?*

LES ENFANTS – *Parce que l'histoire commence par **je**.*
– *Parce que ça commence comme **jeudi** et **Julie**.*

UN ENFANT, déchiffreur
– *Parce que un **J** et un **E**, ça fait **JE**.*

L'ENSEIGNANT – *À quoi as-tu reconnu **fromage** ?*

LES ENFANTS – *Parce que ça va avec **cage**.*
– *Parce que ça se termine comme **cage** !*
– *Parce que c'est à la fin* (de la strophe).
– *Parce que ça commence par un **F** comme **forêt**.*

UN ENFANT, déchiffreur
– *Parce que un **F**, un **R** et un **O**, ça fait **FRO**, un **M** et un **A**, ça fait **MA**…*

Le cinquième jour

Consigne Entourer les mots qui ont une fin identique.

Je la mets	Je la mets	Je la mets	Je la mets
dans une cage,	dans ma poche,	dans la poubelle,	dans mon chausson,
elle y trouve	elle y trouve	elle y trouve	elle y trouve
du fromage.	une petite cloche.	une p'tite échelle.	un p'tit bonbon.

Consigne Entourer, à la fin des deux mots, ce qui est « pareil ».

poche cloche cage fromage poubelle échelle chausson bonbon

Remarque : Après ces exercices d'approfondissement, les enfants savent parfaitement relire les textes : la correspondance entre le mot lu et le mot écrit est respectée. Les enfants s'amusent même à lire le texte en commençant par la fin !

Le sixième jour

Objectif Réaliser un petit livre.

On peut compléter cette histoire par d'autres rimes :

Je la mets sur mon vélo, elle me dit qu'il est trop haut !
Je la mets dans mon armoire, elle y mange une petite poire !
Je la mets dans mon frigo, elle y mange mon gâteau !
Je la mets sur le canapé, elle regarde la télé !
Je la mets dans mon lit, la coquine y fait pipi !

Chaque strophe est illustrée par les élèves ; grâce à ces dessins, l'enfant pourra relire facilement ce petit livre à ses parents.

Illustré par Ian Beck
Éditions Rouge et Or
©Le Chant du Monde

Comprendre les indications de position

Célèbre conte musical
créé par le compositeur Sergueï S. Prokofiev
pour faire découvrir aux enfants
les instruments
qui composent un orchestre.
Il a été raconté par Gérard Philipe.

Le premier jour

Situation Lecture de l'histoire.

Remarque : Au cours de l'histoire, l'auteur précise fréquemment la position de chaque personnage : Pierre est dans la maison; le chat est sur la rive; le canard est dans la mare; l'oiseau est sur une branche. Pour la marche triomphale : Pierre est en tête, suivi des chasseurs; le chat se trouve derrière…

Le deuxième jour

Objectifs Structurer l'espace. Acquérir du vocabulaire : termes de position (sur, sous, devant, derrière, entre, à côté, dans…).

Matériel Éléments mobiles : personnages (reproductions de l'album).
Éléments fixes : maison, arbre, mare.

Consigne Selon les directives données par l'enseignant, placer les personnages par rapport aux éléments fixes.

L'ENSEIGNANT – *Mets le canard dans la mare, le chat sur la rive, le loup sous l'arbre, l'oiseau sur l'arbre, Pierre dans la maison, le grand-père entre la maison et l'arbre..., puis déplace les animaux : le loup derrière l'arbre, l'oiseau au-dessus du loup, Pierre sur l'arbre...*

Consigne Demander aux enfants de faire une phrase utilisant le terme de position qui convient pour situer l'emplacement des personnages.

Le troisième jour

Objectif Constituer, avec l'aide des enfants, un lexique des prépositions.

Consigne Représenter chaque position en plaçant un point par rapport aux lignes.

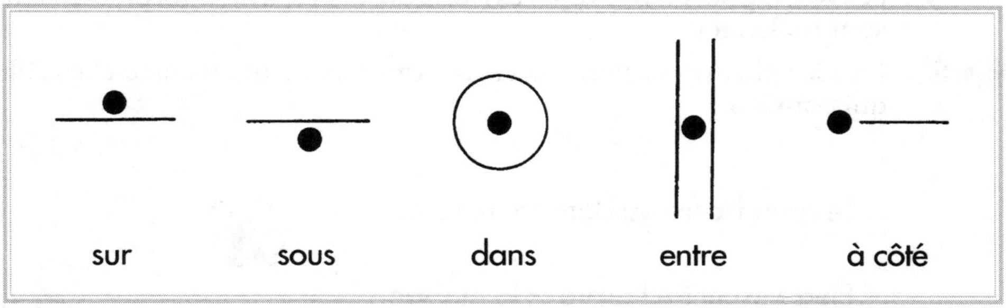

Application individuelle

Consigne Faire correspondre la préposition qui convient à chaque illustration.

Constitution d'un dictionnaire

le canard

le grand-père

le chat

Le quatrième jour

Matériel Texte + étiquettes avec des illustrations représentant les personnages placés par rapport à des repères (maison, arbre, mare, forêt). Les illustrations sont mélangées.

Objectif Lire les phrases et faire correspondre à chacune d'entre elles l'illustration qui convient.

Le grand-père est dans la maison.

Pierre est entre l'arbre et la maison.

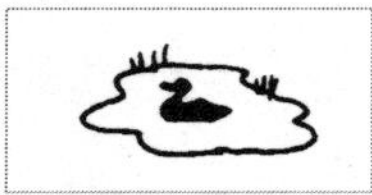

Le canard est dans la mare.

Le chat est sous l'arbre.

L'oiseau est sur l'arbre.

Le chasseur est dans la forêt.

Exemple de stratégie menée par les enfants :
« .... est dans la maison. » Référence aux illustrations : « C'est le grand-père qui est dans la maison. » Hypothèse confirmée par un retour au dictionnaire : c'est bien le mot **grand-père**.

« Pierre est .... » Référence aux illustrations : « Il est entre l'arbre et la maison. » Le mot **maison** est identifié (déjà rencontré); **entre** est reconnu par comparaison avec le dictionnaire ; **arbre** est trouvé par référence au sens de la phrase et par son emplacement par rapport aux autres mots.

« Le canard est dans .... » Référence à l'image et au sens logique de la phrase : « C'est la **mare.** »

« .... est sur .... » ; la préposition **sur** permet d'anticiper le sens de la phrase : « C'est l'oiseau qui est sur l'arbre. » Aucune autre réponse n'est possible.

Le cinquième jour

Lecture découverte

Exercice identique au précédent : phrases à identifier, illustrations mélangées à associer à chaque phrase. Mots inconnus : devant, derrière, à côté, au-dessus.

Pierre est sur l'arbre.

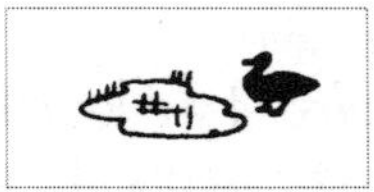

Le canard est à côté de la mare.

Le loup est derrière l'arbre.

L'oiseau est au-dessus de l'arbre.

Le grand-père est devant la maison.

Exemple de stratégie menée par les enfants :

« .... est sur .... » Référence aux illustrations : « C'est l'oiseau qui est sur l'arbre. » L'hypothèse est infirmée : un enfant identifie le mot **Pierre.** « Non, c'est Pierre qui est sur l'arbre. » Hypothèse confirmée : on reconnaît **arbre**, mot déjà rencontré.

« Le canard est .... » Référence à l'illustration : « Il est à côté de la mare. » L'hypothèse est confirmée : par référence au contexte et par son emplacement dans la phrase, **mare** est identifié et déchiffré par les enfants. « Un **M** et un **A**, ça fait **MA**, un **R** et un **E**, ça fait **RE**..., ça fait **MARE** ! »

« Le loup est .... » Référence à l'illustration : « Il est derrière l'arbre. » L'hypothèse est vérifiée : **arbre** est repéré (déjà rencontré); **derrière** est identifié grâce à son emplacement dans la phrase et grâce à sa première lettre, **D**, comme **dans**.

Un enfant repère **maison** dans la dernière phrase. Référence à l'illustration : « C'est le grand-père qui est devant la maison. » L'hypothèse est confirmée : **grand-père** est identifié (référence au dictionnaire) ; **est** est connu ; **devant** est trouvé par déduction, en relation avec les autres mots.

Le sixième jour

Lecture découverte

Texte proposé

Le cortège final ou la marche triomphale

Pierre est en tête.
Derrière Pierre, il y a les chasseurs ;
derrière les chasseurs, il y a le loup ;
derrière le loup, il y a le grand-père ;
derrière le grand-père, il y a le chat.
Au-dessus du loup, il y a l'oiseau.
Dans le ventre du loup,
il y a le canard !

Le texte peut être proposé en relation avec l'illustration du cortège final.

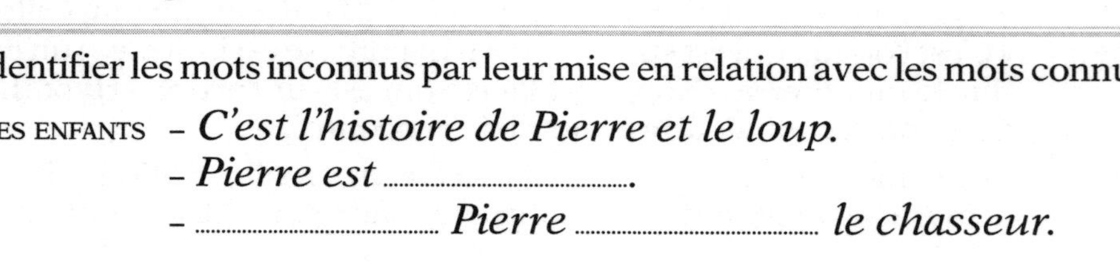

Objectif Identifier les mots inconnus par leur mise en relation avec les mots connus.

LES ENFANTS – *C'est l'histoire de Pierre et le loup.*
– *Pierre est ....*
– .... *Pierre* .... *le chasseur.*

- *Je reconnais* ***il y a****, c'était dans Poule rousse !*
- .... *Pierre,* ***il y a*** *le chasseur.*
- ***Avec*** *Pierre, il y a le chasseur.*

UN ENFANT qui comprend les relations de position entre les personnages du cortège

- *Non, c'est* ***derrière Pierre, il y a le chasseur*** *! C'est* ***derrière*** *parce que ça commence par un* ***D****.*

UN ENFANT, procédant par déduction, lit la première phrase

- *C'est* ***Pierre est devant*** *!*

L'ENSEIGNANT - *Non, ce n'est pas* ***devant****, comment peut-on dire encore pour* ***devant*** *?*

UN ENFANT - *Le premier.*

En tête est trouvé par référence à l'histoire mémorisée.

UN ENFANT - *C'est* ***tête*** *parce que ça commence par un* ***T*** *et un* ***E****.*

Par la mise en relation des personnages et de l'illustration, les phrases suivantes sont lues facilement.

LES ENFANTS - .... *du loup, il y a l'oiseau.*

- *C'est* ***au-dessus*** *!* (Référence à l'illustration.)
- *Dans* ....*, il y a le canard.*
- *C'est* ***le ventre*** *du loup !* (Référence au sens et au connu de l'histoire.)

Le septième jour

Objectif Contrôler les acquis (savoir relire un texte).

Matériel - une feuille par enfant ;
- pour chaque enfant, les images des personnages à découper.

Consigne Lire le texte et placer les personnages.

> Pierre est devant le chasseur.
> Le chasseur est derrière Pierre.
> Le loup est entre le chasseur et le grand-père.
> Le chat est derrière le grand-père.
> L'oiseau est au-dessus du loup.

Le huitième jour

Objectifs Contrôler la compréhension des termes : sur, sous, devant, derrière, entre, à côté… Savoir situer les éléments les uns par rapport aux autres (structuration de l'espace).

Matériel Chaque enfant a une feuille sur laquelle sont collés un arbre, une mare et une maison – le tronc de l'arbre est décollé pour permettre de placer le loup « derrière » l'arbre. Sur une autre feuille, les images des personnages de l'histoire.

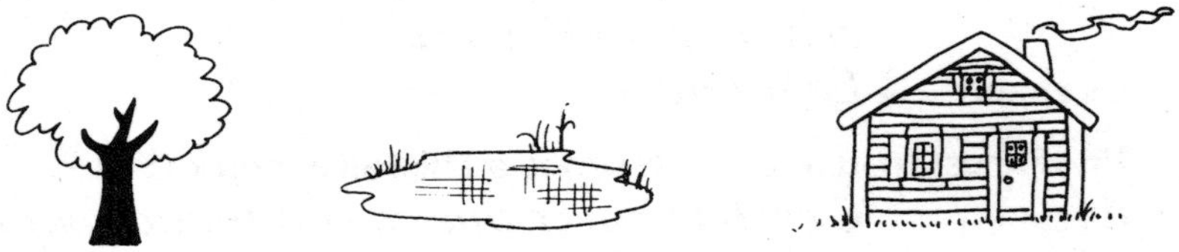

Consigne Coller chaque personnage à l'emplacement qui convient en fonction des indications données par le texte.

L'oiseau est sur l'arbre.
Le loup est derrière l'arbre.
Le chat est sous l'arbre.
Le canard est dans la mare.

Le grand-père est entre la maison et l'arbre.
Pierre est devant la maison.
Le chasseur est à côté du loup.

Autre exercice

Matériel Une feuille avec les illustrations. Les phrases à lire et à découper.

Consigne Lire chaque phrase et la coller sous l'illustration qui lui correspond.

Réalisation finale

Le chat est sous l'arbre.

L'oiseau est sur l'arbre.

Le loup est derrière l'arbre.

Le chat est dans l'arbre.

Aboutissement

Réalisation d'un petit livre.

Les personnages de l'histoire de Pierre et le loup sont situés différemment par rapport à un élément. Une phrase illustre chaque dessin.

Mémoriser les jours de la semaine

Comptine.

Exercices préliminaires journaliers

Exercice 1

Matériel Plusieurs roues : la roue des jours (nombre), la roue des jours (mots), la roue des mois, la roue des saisons.

Consigne Tous les jours, sur chacune des roues, faire indiquer aux enfants la date exacte.

Exercice 2

Matériel Bande verticale avec sept pochettes + sept étiquettes avec les sept jours de la semaine.

Consignes Réciter les jours de la semaine. (Les étiquettes sur la bande verticale sont retournées à l'envers dans les pochettes.) Nommer successivement les jours de la semaine. Retourner les étiquettes au fur et à mesure et vérifier les hypothèses en prélevant des indices.

LES ENFANTS – ***Lundi****, ça commence par un* ***L****.*
– ***Mardi****, ça commence comme* ***maman****.*
– ***Jeudi****, ça commence comme* ***Jonathan*** *et* ***Julie****…*

Exercice 3

Matériel Bande verticale avec sept pochettes + étiquettes avec les jours.

Consignes Les étiquettes avec les jours de la semaine sont à l'envers sur le tapis. Retourner une étiquette, repérer son emplacement sur la bande et la placer dans la pochette correspondante.

Objectif Découvrir aujourd'hui, hier, demain.

Exercice 4

Consignes Les étiquettes sont retournées à l'envers dans les pochettes. Repérer le jour d'aujourd'hui, deviner son emplacement, retourner l'étiquette. Vérifier l'hypothèse en prélevant des indices.

LES ENFANTS – *C'est **mardi**, parce que ça commence par un **M** et un **A**, ça fait **MA** !*

De même, repérer le jour d'hier et de demain.

Exercie 5

Objectif Classer les jours dans l'ordre.

Matériel Les étiquettes sont placées dans les pochettes, à l'envers et dans le désordre.

Consigne Demander à chaque enfant de retourner, à tour de rôle, une étiquette, puis de lire le mot et de le replacer au bon endroit dans la file.

L'ENSEIGNANT peut situer l'emplacement de chaque jour de la manière suivante :

– *lundi, c'est le premier jour ;*

– *mardi, c'est le deuxième jour ;*

– *jeudi, c'est le quatrième jour…*

Exercice 6

Objectif Comparer et reconnaître différents systèmes graphiques.

Matériel Vingt et une étiquettes avec les jours de la semaine écrits en script, en cursive et en majuscule.

Consigne Faire correspondre trois mots identiques écrits différemment.

Lecture découverte

La comptine « Bonjour Madame Lundi »

Bonjour, Madame Lundi. Comment va Madame Mardi ?
Très bien, Madame Mercredi !
Dites à Madame Jeudi, de venir vendredi, danser samedi,
dans la salle de dimanche.

Mots connus répertoriés sur le dictionnaire mural : va, dans, les jours de la semaine, bonjour.

L'ENSEIGNANT – *De quel texte s'agit-il ?*

LES ENFANTS – *C'est bonjour, madame Lundi !*

L'ENSEIGNANT – *À quoi l'avez-vous reconnu ?*

(Les enfants repèrent les mots connus : bonjour, les jours de la semaine...)

L'ENSEIGNANT – *Qui voit où est écrit* ***madame*** *?* (Plusieurs enfants lèvent le doigt.) *À quoi l'avez-vous reconnu ?*

UN ENFANT – *Parce que ça commence par un* ***M*** *et un* ***A****, ça fait* ***MA****.*

UN ENFANT, épelant le mot entièrement

– *un* ***M*** *et un* ***A****, ça fait* ***MA****, un* ***D*** *et un* ***A****, ça fait* ***DA****, un* ***M*** *et un* ***E****, ça fait* ***ME****, ça fait* ***MADAME*** *!*

UN AUTRE ENFANT, repérant le mot **danser**

– *Ça commence comme* ***dans****.*

Les mots **de** et **salle** sont également déchiffrés. Les mots **comment** et **très bien** sont trouvés au cours de la lecture grâce à leur emplacement et à la comptine mémorisée.

Le texte est relu, photocopié et emporté à la maison.

Prolongement

Consigne Compléter le texte avec les jours de la semaine.

Bonjour, madame ....

Comment va madame .... ?

Très bien, madame .... !

Dites à madame ...., de venir ....,

danser ...., dans la salle de ....

JEUDI	SAMEDI
LUNDI	MERCREDI
	VENDREDI
	MARDI
	DIMANCHE

Colin Hawkins
Éditions Albin Michel
Jeunesse

Associer le texte et l'illustration

Les activités et la tenue vestimentaire de Monsieur Leloup changent chaque jour de la semaine. Par sa présentation sous forme de bande dessinée et ses illustrations humoristiques, cet album rencontre un franc succès auprès des enfants.

Le premier jour

Situation L'histoire est racontée aux enfants.

Objectif Avec le livre comme support, contrôler la compréhension.

Consigne Interroger les enfants.

L'ENSEIGNANT – *Quel temps fait-il lundi ?*
LES ENFANTS – *Il pleut.*
L'ENSEIGNANT – *Que fait Monsieur Leloup ?*
LES ENFANTS – *Il met son imperméable et ses bottes.*
L'ENSEIGNANT – *Quel temps fait-il mardi ?*
LES ENFANTS – *Il y a du brouillard.*
L'ENSEIGNANT – *Que fait Monsieur Leloup ?*
LES ENFANTS – *Il met son manteau à carreaux.*

Le deuxième jour

Objectifs Deviner de quel texte il s'agit. Repérer les mots connus : les jours de la semaine. Prendre conscience de la répétition de la structure de la phrase. Deviner les mots inconnus par référence à la connaissance orale de l'histoire et en mettant en relation chaque phrase avec l'illustration correspondante.

Lecture découverte

Lundi, il pleut. 

Mardi, il y a du brouillard. 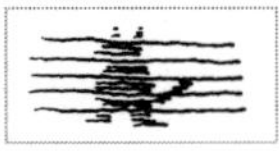

Mercredi, il fait froid. 

Jeudi, il neige. 

Vendredi, le vent souffle. 

Samedi, le soleil brille. 

Dimanche, il fait une chaleur terrible. 

Dictionnaire de référence

la pluie

le vent

la neige

les nuages

le soleil

le brouillard

Grâce à la mise en relation jour de la semaine/temps/illustration/dictionnaire, les enfants n'auront pas de difficulté à relire tout le texte.

Le troisième jour

Matériel Jeux avec des bandes cartonnées et des étiquettes.

Consigne Faire correspondre à chaque phrase l'illustration qui convient.

Lundi, il pleut.

Mardi, il y a du brouillard.

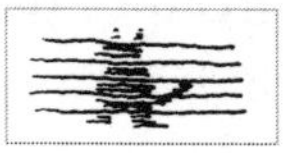

Le quatrième jour

Consigne Remettre les phrases qui ont été mélangées dans l'ordre chronologique des jours de la semaine.

MERCREDI, IL FAIT FROID.	LUNDI, IL PLEUT.	MARDI, IL Y A DU BROUILLARD.

Le cinquième jour

Consigne Faire correspondre à chaque jour de la semaine le temps qu'il fait.

MARDI	IL Y A DU BROUILLARD
SAMEDI	LE SOLEIL BRILLE

Le sixième jour

Objectifs Être capable de reconstituer un texte précédemment étudié et mémorisé. Savoir rétablir la chronologie d'un texte.

Situation L'enseignant change le texte en intervertissant les groupes de mots.

Consigne Déplacer les groupes de mots pour reconstituer la semaine de Monsieur Leloup.

LUNDI	LE SOLEIL BRILLE
MARDI	LE VENT SOUFFLE
MERCREDI	IL NEIGE

Aboutissement

Objectif Réaliser un petit livre.

1.

La semaine de Monsieur Leloup

2.
Lundi,
il pleut.

3.
Mardi, il y a
du brouillard.

4.
Mercredi,
il fait froid.

5.
Jeudi,
il neige.

6.
Vendredi,
le vent souffle.

7.
Samedi,
le soleil brille.

8.
Dimanche, il fait
une chaleur terrible.

Comment lire ce livre ?
Lecture des phrases et des images :
- le titre ;
- ce qui est écrit dans la bulle : « Qu'est-ce que je vais mettre aujourd'hui ? » ;
- le texte : « Lundi, il pleut. » ;
- lecture de l'image : « J'enfile mon imperméable, je mets mes bottes et je prends mon parapluie ! ».

Prolongements 1

Réinvestissement : « notre » semaine

Objectifs Contrôler les acquis. Réutiliser à bon escient les mots étudiés. Réutiliser une structure particulière de la phrase. Enrichir le vocabulaire de mots nouveaux (février, gris, etc.).

Consigne Tous les jours, écrire au tableau la date et le temps qu'il fait.

Lecture découverte

Lundi, le 6 février, le soleil brille et il fait froid.
Mardi, le 7 février, il y a des nuages et il pleut.
Mercredi, le 8 février, il y a des nuages gris.
Jeudi, le 9 février, il neige.
Vendredi, le 10 février, il neige et il fait froid.
Samedi, le 11 février, il fait froid.
Dimanche, le 12 février, il fait froid.

Les enfants n'ont pas de difficulté à relire le texte.

Réinvestissement : les deux « semaines »

Objectif Repérer les analogies, les différences.

Situation Les deux textes sont présentés au tableau.

Consigne Comparer la semaine de Monsieur Leloup et notre semaine.

L'ENSEIGNANT – *Notre semaine ressemble-t-elle à celle de Monsieur Leloup ?*

LES ENFANTS – *Non, parce que chez Monsieur Leloup ça change tous les jours ; chez nous, il fait froid toute la semaine !*

L'ENSEIGNANT – *Pourquoi fait-il froid ?*

LES ENFANTS – *Parce que c'est l'hiver.*

L'ENSEIGNANT – *Pourrait-il y avoir une chaleur terrible ?*

LES ENFANTS – *Non, parce qu'il fait chaud en été !*

Aboutissement

Objectif Réaliser un petit livre : *Notre semaine.*

Situation Les enfants illustrent leur livre et écrivent la phrase qui correspond à chaque dessin.

On peut continuer pendant plusieurs semaines à écrire chaque jour la date et le temps qu'il fait. C'est un bon exercice de mémorisation et de réinvestissement. Les enfants reliront ces textes très facilement.

Prolongements 2

Séquence de langage

> Lundi, Monsieur Leloup est joyeux. Il va chez Matthieu.

Après avoir lu la phrase, l'enseignant questionne les enfants.

L'ENSEIGNANT – *Comment est Monsieur Leloup ?*

LES ENFANTS – *Il est joyeux.*

L'ENSEIGNANT – *Chez qui va-t-il ?*

LES ENFANTS – *Il va chez Matthieu.*

L'ENSEIGNANT – *Qu'entend-on dans **joyeux** et **Matthieu** ?*

LES ENFANTS – *On entend **ieu**, ça rime !*

L'ENSEIGNANT – *Tous les jours, l'humeur de Monsieur Leloup change. Comment peut-il être ?*

LES ENFANTS – *Il peut être fâché, triste, gai, fatigué, grognon, en colère, content...*

Consigne Inventer une suite en changeant les adjectifs et les prénoms et en respectant la même structure et les rimes.

L'ENSEIGNANT – *Mardi, Monsieur Leloup est grognon, il va chez...*

LES ENFANTS – *Léon... Gaston... Marion...*

L'ENSEIGNANT – *Mercredi, Monsieur Leloup est content, il va chez...*

LES ENFANTS – *Fernand... Bertrand... Clément...*

Lecture découverte

Texte écrit au tableau

Lundi, Monsieur Leloup est joyeux, il va chez Matthieu.

Mardi, Monsieur Leloup est grognon, il va chez Marion.

Mercredi, Monsieur Leloup est triste, il va chez Baptiste.

Jeudi, Monsieur Leloup est en colère, il va chez Prosper.

Vendredi, Monsieur Leloup est énervé, il va chez Xavier.

Samedi, Monsieur Leloup est fatigué, il va chez René.

Dimanche, Monsieur Leloup est contient, il va chez Florent.

Objectif Faire prendre conscience de la structure répétitive de la phrase : rechercher ce qui est pareil, ce qui change.

Consigne Repérer les mots connus : les jours de la semaine, les prénoms, Monsieur Leloup, est, va…

……………………, Monsieur Leloup est ……………………,

il va chez ……………………….

L'ENSEIGNANT – *Qu'est-ce qui change ?*

LES ENFANTS – *Les jours de la semaine.*

– *Les prénoms.*

– *L'humeur du loup* (les adjectifs).

Les mots inconnus, tels que les adjectifs, seront « devinés » par déduction, par la mise en relation du prénom et de l'adjectif qui respecte la rime. La comptine mémorisée aidera les enfants au cours de leur lecture. L'enseignant peut demander aux enfants de vérifier leurs hypothèses en prélevant des indices : par déchiffrage partiel (« C'est colère, parce que ça commence par un **C** et un **O**, ça fait **CO** ! ») ; par analogie avec des mots connus (« C'est **joyeux**, parce que ça commence comme **Jonathan**. » ; par référence à la consigne ou à un connu mémorisé : « C'est **grognon** parce que ça rime avec **Marion**. »).

Approfondissement

Objectif Réaliser un petit livre sur les expressions.

Consigne Jeux de mimes : imiter les expressions du loup.
Faire apprendre la poésie, la polycopier et proposer aux enfants de l'emporter à la maison afin qu'ils la relisent aux parents.

il est joyeux — il est triste — il est en colère — il est étonné

Eric Carle
Éditions Mijade

Anticiper le sens de l'histoire par le biais de l'illustration

C'est un très beau livre avec de magnifiques illustrations. Il raconte l'histoire d'une petite chenille qui part à la recherche de sa nourriture : le lundi, elle croque une pomme, le mardi, elle croque deux poires...

Le premier jour

Situation L'histoire est racontée aux enfants.

Le deuxième jour

Objectif Vérifier la compréhension.

Consigne Avec le livre comme support, laisser les enfants raconter l'histoire de la chenille.

Le troisième jour

Constitution d'un dictionnaire

Correspondance entre le chiffre en toutes lettres et sa représentation graphique.

un deux trois quatre cinq

Le quatrième jour

Lecture découverte

Mots connus ou répertoriés dans le dictionnaire : lundi, dans, une, pomme.

Le lundi,
la chenille croque
dans une pomme.
Elle y fait un trou.
Mais elle a encore faim !

L'ENSEIGNANT – *De quoi parle ce texte ?*

LES ENFANTS faisant référence à l'illustration

– *C'est l'histoire de la chenille qui mange une pomme.*

– *Elle fait un trou dans la pomme.*

L'ENSEIGNANT – *Qu'y a-t-il d'écrit ?*

UN ENFANT qui a repéré le mot **pomme**

– *C'est écrit* ***la chenille mange la pomme.***

UN ENFANT qui a remarqué **dans une pomme**

– *C'est* ***la chenille fait un trou dans une pomme.***

L'ENSEIGNANT – *Où se trouve le mot* ***chenille*** *?*

UN ENFANT – *Là, parce qu'il y a un* ***CH*** *comme dans* ***Chico.***

L'ENSEIGNANT – *Quand la chenille fait-elle un trou dans une pomme ?*
LES ENFANTS – *Lundi !* (Les enfants se réfèrent à leur connaissance de l'histoire. On repère rapidement dans le texte le mot déjà connu.)
L'ENSEIGNANT – *Le lundi, la chenille .... dans une pomme.*
(Le mot **croque** est deviné par plusieurs enfants.)
– *Qu'est-ce qu'elle fait dans la pomme ?*
LES ENFANTS – *Elle fait un trou !*
L'ENSEIGNANT – *Où est écrit **un trou** ?*
Les enfants reconnaissent **un**, répertorié sur le dictionnaire.
LES ENFANTS, lisant
– *Elle y fait un trou.*
L'ENSEIGNANT, lisant
– *Mais elle a encore faim !*
Elle et **a** sont facilement déchiffrés par les enfants (mots déjà rencontrés) ; **encore faim** est deviné par référence au sens et à la connaissance orale de l'histoire.

Le cinquième jour

Objectif Repérer les analogies et les différences entre deux textes.
Consigne Lire les deux textes, les identifier et faire correspondre l'illustration qui convient à chacun d'entre eux.

Le lundi, la chenille croque dans une pomme. Elle y fait un trou. Mais elle a encore faim !	Le mardi, la chenille croque dans deux poires. Elle y fait deux trous. Mais elle a encore faim !

LES ENFANTS – *C'est l'histoire de la chenille !*
– *C'est presque pareil !* (Les enfants liront ce qui est pareil.)
– *Là, ça change.* (Les enfants montrent ce qui est différent.)

On identifie les mots **lundi** et **mardi**.

LES ENFANTS faisant référence à la connaissance orale de l'histoire

– *Le lundi, elle croque dans une pomme ; le mardi, elle croque dans deux poires...*

La disposition en strophes régulières et l'emplacement des mots les uns par rapport aux autres permettent aux enfants de repérer aussitôt **une pomme** et **deux poires** par opposition entre les deux textes. Il en est de même, pour **un trou** et **deux trous**.

On relit les deux textes et on fait correspondre l'illustration qui convient à chacun d'entre eux.

Le sixième jour

Consigne Exercice identique au précédent, mais avec trois textes.

Le mercredi, la chenille croque dans trois prunes. Elle y fait trois trous. Mais elle a encore faim !	Le jeudi, la chenille croque dans quatre fraises. Elle y fait quatre trous. Mais elle a encore faim !	Le vendredi, la chenille croque dans cinq oranges. Elle y fait cinq trous. Mais elle a encore faim !

Comparaison entre les trois textes : ce qui est pareil, ce qui change (identification des jours de la semaine, des nombres, des fruits que mange la chenille...). Les textes sont relus sans difficulté et identifiés : on fait correspondre l'illustration qui convient à chaque texte.

Le septième jour

Objectifs Identifier un mot dans plusieurs textes. Prélever des indices dans les mots qui permettent de les identifier (relation « graphèmes-phonèmes »). Mémoriser certains éléments de la langue (lettres – sons) Savoir argumenter : habituer les enfants à expliquer leur démarche : « À quoi as-tu reconnu ce mot ? »

Consignes Identifier et entourer dans les textes le mot donné par l'enseignant. Trouver les mots identiques, les entourer de la même couleur. L'enfant qui identifie un mot doit expliquer comment il l'a reconnu.

Le mercredi, la chenille croque dans trois prunes. Elle y fait trois trous. Mais elle a encore faim !	Le jeudi, la chenille croque dans quatre fraises. Elle y fait quatre trous. Mais elle a encore faim !	Le vendredi, la chenille croque dans cinq oranges. Elle y fait cinq trous. Mais elle a encore faim !

L'ENSEIGNANT – *Qui trouve les mots* ***chenille, fraises, oranges, faim, y*** *?... À quoi les reconnaissez-vous ?*

LES ENFANTS – ***Chenille,*** *parce que ça commence comme* ***Charlotte*** *et comme* ***Chico****.*

– ***Fraises****, parce que ça commence par un* ***F****.*

– ***Oranges****, parce que ça commence par un* ***O*** *et un* ***R****, ça fait* ***OR****.*

– ***Faim****, je le sais, parce que c'est toujours à la fin de chaque histoire (!).*

– ***Y****, je le sais, parce qu'****Y*** *c'est comme un* ***I****, on entend pareil !*

Prolongements

Objectif Retrouver la chronologie de l'histoire.

Matériel Cinq feuilles : sur chacune d'elles sera écrite une strophe différente. Les feuilles sont mélangées.

Consigne Remettre les textes selon leur déroulement chronologique.

Le lundi, la chenille croque dans une pomme. Elle y fait un trou. Mais elle a encore faim !	Le jeudi, la chenille croque dans quatre fraises. Elle y fait quatre trous. Mais elle a encore faim !	Le mardi, la chenille croque dans deux poires. Elle y fait deux trous. Mais elle a encore faim !

Applications individuelles

Objectif Réaliser un lexique des nombres sous la forme d'un petit livre individuel.

Consignes Constituer la suite des nombres jusqu'à cinq. Dessiner une série d'objets et en indiquer le nombre, en toutes lettres et sous sa forme chiffrée.

Le lexique des nombres

1. un 2. deux 3. trois 4. quatre 5. cinq

Application individuelle

Objectif Favoriser la mémorisation des mots-nombres.

Consigne À l'aide du lexique des nombres, copier sous chaque dessin le mot-nombre qui convient.

Le lexique des nombres

trois cinq ....

Exercice de contrôle

Objectif Selon le sens du texte, compléter les textes avec les mots (nombres) qui conviennent.

Le mardi,
la chenille croque
dans .... poires.
Elle y fait .... trous
Mais elle a encore faim !

Le mercredi,
la chenille croque
dans .... prunes.
Elle y fait .... trous.
Mais elle a encore faim !

Les enfants peuvent se référer au lexique des nombres.

Aboutissement

Objectif Réaliser un petit livre individuel.

Matériel Les textes sont photocopiés.

Consigne Demander à l'enfant de lire chaque texte et de faire le dessin correspondant en face.

À l'aide d'un perforateur, l'enfant fait un nombre de trous équivalent aux indications du texte (demander aux élèves de dessiner les fruits au « bord » de la feuille afin qu'ils puissent faire les trous plus aisément).

1.

L'histoire
de la chenille

2.
Le lundi,
la chenille croque
dans une pomme.
Elle y fait un trou.
Mais elle a encore faim !

3.
Le mardi,
la chenille croque
dans deux poires.
Elle y fait deux trous.
Mais elle a encore faim !

4.
etc.

Illustrer un livre en fonction du texte et faire des trous comme dans l'album initial plaît beaucoup aux enfants. Ce livre pourra être emporté et lu aux parents.

Martin Waddel,
Virginia Miller
Éditions Kaléidoscope

Développer l'acuité auditive et visuelle

Un album sur les cris des animaux (par onomatopées). Une petite souris part à la recherche d'un compagnon de jeu. Dans cet album, les cris des animaux sont écrits en gros caractères. Ils peuvent donc être lus facilement par les enfants, qui sauront mettre en relation le cri et l'animal.

Le premier jour

Situation L'histoire est racontée par l'enseignant, qui indique le mot correspondant au cri de l'animal. Les enfants participent spontanément à l'histoire en imitant les cris des animaux.

Le deuxième jour

Constitution du dictionnaire des onomatopées

Matériel Étiquettes avec les onomatopées. Étiquettes avec les images des animaux de l'histoire.

Consignes Identifier le cri de chaque animal. Faire correspondre les mots à l'image.

BZZ, BZZ, BZZ | OUAF, OUAF, OUAF | COT, COT, COT | MIAOU, MIAOU

COUIC, COUIC, COUIC

L'enseignant incite les enfants à bien articuler : « Miaaaaou », « bzzzzzzz », « ouaf, ouaf », « cot, cot ».

En imitant les cris des animaux, les enfants sont amenés à exprimer ces mots de manière percutante : une bonne articulation favorise la distinction de certains phonèmes. Le **z** de **bzz** est bien « prolongé » ; le **t** de **cot** est très « appuyé » ; le **f** de **ouaf** est très « distinct » ; le **a** de **miaou** est très « étiré »…

Les enfants n'ont pas de difficulté à identifier les onomatopées qui n'ont qu'un indice distinctif minimal.

LES ENFANTS – *C'est **BZZ**, parce qu'on entend les **Z** !*
– *C'est **OUAF**, parce qu'on entend le **F**.*
– *C'est **COT**, parce qu'on entend le **T**.*
– *C'est **MIAOU**, parce que ça commence par un **M**.*
– *C'est **MIAOU**, parce qu'on entend le **A**.*
– *C'est **COUIC**, parce qu'on entend le **C** au début et à la fin du mot !*

(Certains enfants déchiffrent entièrement les petits mots ; dans **BZZ**, ils identifient le **B** et le **Z**.)

LES ENFANTS – *Un **C** et un **O**, ça fait **CO** et un **T**, ça fait **COT** !*

Le troisième jour

Objectif Identifier (entendre et voir) les éléments particuliers à ces cris d'animaux (graphies, phonies).

Consigne Rechercher les cris d'autres animaux (le mouton : BEEH, BEEH ; le loup : HOU, HOU ; l'oiseau : CUI, CUI, etc.).

Le quatrième jour

Contrôle-application

Matériel Une feuille sur laquelle sont dessinés les animaux avec une bulle + des étiquettes sur lesquelles sont écrites les onomatopées.

Consigne Découper chaque onomatopée et la coller dans la bulle de l'animal qui convient.

Aboutissement

Objectif Réaliser un petit livre à emporter et à relire à ses parents.

Consigne Dessiner un animal et écrire le cri de l'animal dans la bulle.

Noëlle et David A. Carter
Albin Michel Jeunesse

Développer un comportement et des stratégies de lecteur

C'est un livre pour apprendre et développer le sens du toucher chez les petits grâce à la fourrure épaisse de l'ours, à la carapace rugueuse de la tortue... Chaque fois que la petite souris rencontre un personnage, elle répète le même texte, que, telle une formule magique, les enfants retiennent rapidement.

Le premier jour

Objectif Faire découvrir l'histoire.

Le deuxième jour

Lecture découverte

« Couic ! Couic ! Couic ! Je suis Mandarine, la petite souris grise ! »

Mots connus : je, la, petite, souris. Et les onomatopées (voir la fiche précédente).

L'ENSEIGNANT – *De qui parle ce texte ?*

LES ENFANTS – *De la petite souris ! Je reconnais* ***couic ! couic !*** (Un autre enfant repère le mot **souris**, ce qui confirme l'hypothèse avancée.)

L'ENSEIGNANT – *De quelle souris s'agit-il ?*

LES ENFANTS, devinant très vite de qui il s'agit

– *C'est Mandarine, la petite souris grise !*

Les enfants n'ont pas de difficulté à repérer les mots et à lire tout le texte.

Le troisième jour

Objectif Inventer des phrases ayant la même structure.

Consigne Faire une phrase du même type en parlant d'un héros ou d'un personnage d'album que l'on connaît bien.

Remarque Pour aider les enfants, l'enseignant peut nommer le personnage : « Faites la même phrase en parlant de Spot. » Au fur et à mesure, il écrit les textes au tableau.

Texte obtenu

« Miaou, Miaou, Miaou !
Je suis Bouboule,
le petit chat ! »

« Ouaf ! Ouaf ! Ouaf !
Je suis Spot,
le petit chien ! »

« Cot ! Cot ! Cot !
Je suis
la petite poule rousse ! »

« Bzz ! Bzz ! Bzz !
Je suis Adeline,
la petite abeille ! »

« Coin ! Coin ! Coin !
Je suis Coin-Coin,
le petit canard ! »

Consignes

Identifier et comparer les strophes entre elles (repérer ce qui est pareil, ce qui change), puis reconnaître chacune d'elles. Trouver quelle strophe parle du canard, du chien, de l'abeille, etc. Expliquer quels sont les indices grâce auxquels on l'a identifiée. Les enfants parviendront rapidement à lire tout le texte.

La lecture sera facilitée par :

- la disposition de la phrase, découpée en trois groupes de mots et la relation entre eux ;
- la nature du texte, à caractère répétitif, permettra l'anticipation ;
- la découverte des mots non connus sera facilitée par la mise en relation des « mots clés » représentés par le cri de l'animal, le nom de l'animal, le genre de l'animal. Exemple : miaou – Bouboule – chat.

L'identification d'un des trois « mots-clés » permettra à l'enfant de « deviner » toute la phrase.

UN ENFANT, reconnaissant **Spot**

– *C'est le petit chien qui fait **ouaf** !*

UN ENFANT, reconnaissant **Miaou**

– *C'est **Bouboule, le petit chat** !*

UN ENFANT, reconnaissant **canard**

– *C'est Coin-Coin qui fait **coin-coin** !*

Le quatrième jour

Objectif a. Reconstituer le texte.

Matériel Bandes en carton sur lesquelles sont écrits les groupes de mots.

Consigne Placer les bandes de manière à reconstituer les strophes. (L'enseignant aura distribué une bande à chacun des enfants.)

JE SUIS BOUBOULE	LE PETIT CHAT	COUIC ! COUIC ! COUIC !
MIAOU, MIAOU, MIAOU	JE SUIS MANDARINE	BZZ ! BZZ ! BZZ !
LA PETITE ABEILLE	JE SUIS ADELINE	LA PETITE SOURIS GRISE

Objectif b. Identifier les textes.

Matériel Des plaques en carton sur chacune des étiquettes avec l'image de chaque animal.

Consigne Lire le texte et le replacer à côté de l'animal qui convient.

Coin ! Coin ! Coin !

Je suis Coin-Coin,

le petit canard !

Consigne Rendre à chaque animal sa bulle.

Coin ! Coin !

Miaou ! Miaou !

Consigne Rendre à chaque animal son nom.

SPOT | BOUBOULE | MANDARINE

Le cinquième jour

Objectifs Savoir identifier les mots malgré leur emplacement différent dans le texte. Évaluer la mémorisation des mots étudiés.

> « Ouaf ! Ouaf ! Ouaf ! Je suis Coin-Coin, le petit chat !
> Miaou, Miaou, Miaou ! Je suis Mandarine, le petit chien.
> Couic ! Couic ! Couic ! Je suis Spot, le petit canard !

Cette lecture amuse beaucoup les enfants : « C'est tout faux ! » Il n'y a plus de relation logique entre les groupes de mots. Cependant de nombreux enfants sont capables de tout relire.

Aboutissement

Objectif Réaliser un petit livre à emporter et à relire à ses parents.

Consignes Sur chaque page, la photocopie de l'animal avec une bulle dans laquelle est écrite l'onomatopée. Sous chaque image, la phrase correspondante.

Je suis Mandarine, la petite souris.

Je suis Bouboule, le petit chat !

Prolongement

Consigne Faire chanter le petit texte qui revient régulièrement au cours de l'histoire.

Lecture découverte

> « Couic ! Couic ! Couic ! Mon pelage est doux, mes oreilles sont roses. Je suis Mandarine, la petite souris grise. »

Les mots connus et la connaissance orale de la chanson aideront les enfants à lire le texte.

Virginia Miller
Éditions Nathan

Employer la forme impérative

Le dîner est prêt.
« As-tu lavé tes mains, Alfred ? »,
demande son papa. « Nan ! », répond Alfred,
qui ne veut pas manger.
Papa hausse le ton, mais rien n'y fait.
Alfred répond : « Nan, nan et nan ! »...
Qu'est-ce qui pourrait bien
le faire changer d'avis ?

Le premier jour

Situation Narration de l'histoire : lecture expressive. Imiter la voix de plus en plus forte de Papa ours, qui est en colère. Au cours de l'histoire, on peut montrer les mots qu'on lit dans les bulles « Nan, nan, nan... » et « mange ta soupe ! », ainsi que les caractères de plus en plus gros, en relation avec l'intensité de la voix qui augmente.

Le deuxième jour

Lecture découverte

Nan ! Mange ta soupe, Alfred ! Nan !

Mange ta soupe, Alfred !

Mange ta soupe, Alfred ! Nan ! Nan ! et nan !

Consignes De quoi ça parle ? Qu'est-ce qui est écrit dans les bulles ? Comment faut-il les lire ? Associer chaque bulle à son personnage. Relier deux par deux les bulles correspondant au dialogue.

UN ENFANT, par référence aux images
– *C'est Alfred qui ne veut pas manger sa soupe.*

UN ENFANT – *C'est le papa et le bébé qui parlent, parce qu'il y a des bulles.*

L'ENSEIGNANT – *Que dit Papa ours ?*

UN ENFANT – *Mange ta soupe, Alfred !* (Référence à l'histoire mémorisée.)

L'ENSEIGNANT – *Que répond Bébé ours ?*

LES ENFANTS – *Nan, nan !*

Les enfants identifient rapidement ce qui est écrit dans les bulles. **Nan** ! est vite identifié. **Mange** est déjà bien connu. **Ta** est facilement déchiffré. **Soupe** est reconnu par plusieurs enfants (mot déjà vu dans l'histoire de Boucle d'Or et des trois ours). **Alfred** est repéré par son emplacement en fin de groupe de mots et parce qu'il commence par un **A** majuscule (« parce que quand c'est un prénom, ça commence par une majuscule ! »).

On repère les groupes de mots identiques : « Ce qui change, c'est la " grosseur " des lettres ! »

L'ENSEIGNANT – *Pourquoi est-ce écrit plus gros ?*

UN ENFANT – *Parce que Papa ours se fâche !*
– *Parce qu'il gronde !*
– *Parce qu'il parle de plus en plus fort !*

Situation finale

Le troisième jour

Objectif Faire découvrir deux autres « histoires » d'Alfred.

Matériel Deux autres albums du même auteur, *Le petit pot d'Alfred* et *Va au lit, Alfred*!

Lecture découverte

Mange ta soupe, Alfred !	Nan !
Va sur ton pot, Alfred !	Nan !
Va au lit, Alfred !	Nan, nan et nan !

Les enfants reconnaissent aussitôt qu'il s'agit du dialogue entre Alfred et son papa : la première phrase est reconnue (phrase étudiée précédemment).

Les mots connus et rapidement identifiés sont : va, sur, lit.

Ces indices suffisent pour « deviner » aisément les mots non connus : **ton pot** et **au**.

Les enfants relisent ces phrases très volontiers, en augmentant le ton de la voix : ils prennent beaucoup de plaisir à imiter la voix de Bébé ours (aiguë) et de Papa ours (grave).

Le quatrième jour

Objectif Produire du texte.

Consigne Imaginer une autre aventure d'Alfred, à la manière des histoires précédentes.

L'ENSEIGNANT, donnant la consigne de départ.

– *Alfred ne veut pas s'habiller !... Que lui dit son papa ?... Qu'est-ce qui pourrait bien le faire changer d'avis ?*

Texte obtenu

Mets ta culotte, Alfred ! Nan !
Mets ta chemise, Alfred ! Nan !
Mets ton pantalon, Alfred ! Nan !
Mets tes chaussures, Alfred ! Nan !
Mets ton chapeau, Alfred ! Nan !
Habille-toi, Alfred, on va au cirque ! Oui !

Ce jeu amuse beaucoup les enfants, ils n'ont aucune difficulté à relire, de manière très expressive, le texte qu'ils ont inventé.

Prolongement

Objectif Réaliser un petit livre à relire à la maison.

Consigne Respecter la présentation graphique de plus en plus « grosse » pour inciter les enfants à relire leur histoire de façon expressive.

Habille-toi, Alfred !

1.

Mets ta culotte, Alfred ! Nan !

2.

Mets ta chemise, Alfred ! Nan !

3.

Mets ton pantalon, Alfred !
Nan !

4.

Mets tes chaussures, Alfred !
Nan !

5.

Mets ton chapeau, Alfred !
Nan !

6.

Habille-toi, Alfred,
on va au cirque ! Oui !

7.

Réinvestissement

Lecture découverte

Objectif Comprendre les phrases, en relation avec les dessins.

Matériel Bandes sur lesquelles sont écrites les phrases + étiquettes avec illustrations.

Consigne Lire chaque phrase (en relation avec l'histoire de Boucle d'Or et des trois ours) et la placer sous le personnage qui convient.

Qui a touché à ma chaise ? | Qui est monté sur mon lit ? | Qui a goûté ma soupe ?

Qui a goûté ma soupe ? | Qui a touché à ma chaise ?

Qui a touché à ma chaise ? | Qui est monté sur mon lit ?

Qui a goûté ma soupe ? | Qui est monté sur mon lit ?

Les enfants retrouvent les phrases identiques, ainsi que celles qui, selon la grandeur des caractères, ont été dites par chacun des ours. L'identification des mots clés (chaise, soupe, lit) permet aux enfants de deviner aisément le sens des questions posées par les ours.

Situation finale

Les enfants s'amuseront à relire ces textes de manière expressive : aigu et faible pour le bébé, normal pour la maman et grave et fort pour le papa.

Galette
des rois

Voir la recette page suivante.

Identifier le type d'écrit –recette–

Il s'agit là d'une recette facile à réaliser avec les enfants.

Le premier jour

Constitution du dictionnaire

Mots répertoriés sur le dictionnaire mural (préparé par l'enseignant).

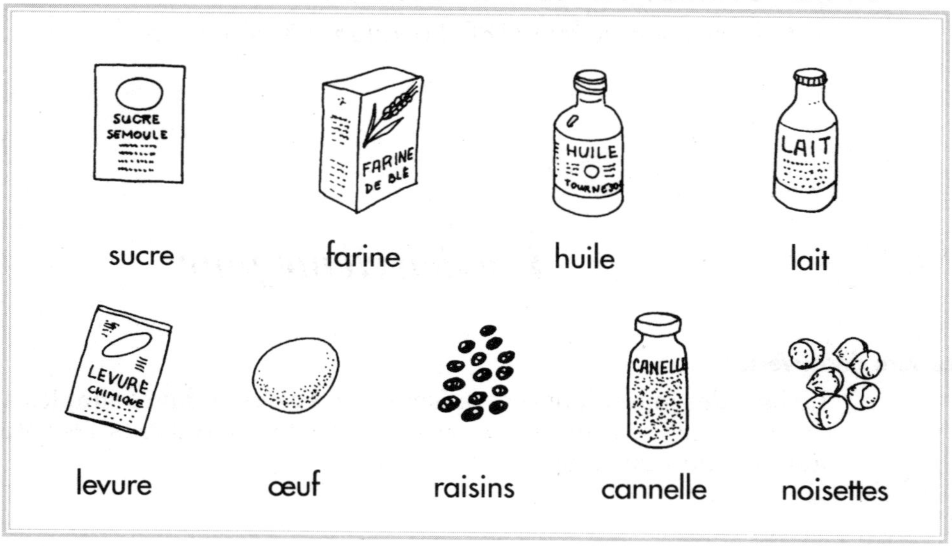

La recette

Galette des rois

Ingrédients
- 4 tasses de farine
- 2 tasses de sucre
- 2 tasses de lait
- 2 œufs
- 1 paquet de levure chimique
- 1 tasse d'huile
- 1 cuillère à café de cannelle
- 1 tasse de raisins secs
- 1 tasse de noisettes hachées

Ustensiles
- Tasse, grand saladier
- Cuillère en bois, cuillère à café
- Moule à manqué
- Fève

1. Mélanger avec la cuillère en bois le sucre, la farine, la levure et la cannelle dans le saladier.
2. Ajouter les raisins et les noisettes.
3. Creuser un puits et y mettre les deux œufs, le lait et l'huile.
4. Mélanger énergiquement.
5. Remplir le moule graissé et glisser la fève. Saupoudrer la pâte avec un mélange de sucre et de cannelle.
6. Faire cuire au four (180°) pendant 45-50 minutes.

Le deuxième jour

Lecture découverte

La liste des ingrédients est présentée avec des codages simples associés à des mots : en se référant au dictionnaire des ingrédients, les enfants n'ont aucune difficulté à décoder le texte.

Les ingrédients

4  de farine.

2  de sucre.

2  de lait.

2 œufs

1  de levure.

1  d'huile.

1  de cannelle.

1  de rais ns secs.

1  de noisettes hachées.

L'enseignant en vérifie la compréhension.

L'ENSEIGNANT – *Pour faire la galette, combien faut-il d'œufs ?*
UN ENFANT – *Il en faut deux !*
L'ENSEIGNANT – *Combien faut-il de farine ?*
UN ENFANT – *Quatre tasses remplies !*
L'ENSEIGNANT – *Quelle dose de cannelle ?*
UN ENFANT – *Une petite cuillère !*

Le troisième jour

Objectif Identifier les mots.

Consigne Faire correspondre à chaque ingrédient le mot qui convient.

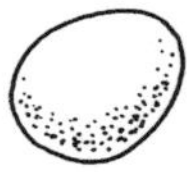

SUCRE	ŒUF	LAIT	LEVURE

Le lexique des ingrédients peut être laissé à la disposition des enfants.

Le quatrième jour

Objectif Compléter la recette.

Consigne Écrire le chiffre correspondant au dosage de chaque ingrédient.

4 de farine.

2 de sucre.

2 de lait.

2 œufs

1 de levure.

1 d'huile.

1 de cannelle.

1 de raisins secs.

1 de noisettes hachées.

Le cinquième jour

Objectif Relier chaque étiquette au dessin correspondant.

Matériel Bandes avec les différents ingrédients + des étiquettes avec les illustrations des ingrédients.

4 DE FARINE

1 D'HUILE

Le sixième jour

Lecture découverte

La maîtresse peut présenter la recette différemment, en remplaçant les codages par des mots.

4 tasses de farine	1 tasse d'huile
2 tasses de sucre	1 cuillère de cannelle
2 tasses de lait	1 tasse de raisins secs
2 œufs	1 tasse de noisettes hachées
1 paquet de levure	1 fève

Mots nouveaux : tasse, cuillère, paquet. Les enfants connaissent la recette, ils ont en mémoire les éléments qu'ils ont employés pour mesurer les ingrédients ; ils n'auront donc pas de difficulté à deviner la signification de ces mots.

Le septième jour

L'enseignant peut présenter la recette en remplaçant les chiffres arabes par les chiffres en toutes lettres.

quatre tasses de farine	une tasse d'huile
deux tasses de sucre	une cuillère de cannelle
deux tasses de lait	une tasse de raisins secs
deux œufs	une tasse de noisettes hachées
un paquet de levure	une fève

Mots nouveaux : un, une, deux, quatre. La connaissance des dosages utilisés donnera du sens aux mots nouveaux.

Luc Hervé
Sylvie Auzary-Luton
Éditions Kaléidoscope

Changer le sens de la phrase en modifiant l'ordre des mots

Cette histoire montre comment un message transmis par plusieurs intermédiaires peut être déformé ! Chaque animal transmet le message de la chouette aux autres animaux de la forêt ; finalement, la nouvelle ne correspond plus à ce qu'avait dit la chouette !

Le premier jour

Situation Narration de l'histoire.

Consigne Comparer les différents messages.

Le deuxième jour

Jeux de langage

Objectifs Jouer avec les mots, les combiner différemment. Changer progressivement le sens d'un message.

Consigne Inventer une suite à cette histoire. Faire passer le message, qui se transforme au fur et à mesure.

Situation À la fin de l'histoire, l'écureuil demande à l'ours de transmettre le message suivant : « J'ai une bonne nouvelle ! J'ai décidé d'organiser une fête pour l'anniversaire de Chouette, la semaine prochaine, tu passes le message aux autres ? » Cette fin nous invite à imaginer une suite.

Ce jeu amuse beaucoup les enfants. Cet exercice demande un certain entraînement. Les trouvailles sont nombreuses, voici quelques propositions : « Écureuil a dit que la chouette s'en va la semaine prochaine, le jour de son anniversaire ! Elle organise une fête pour son départ ! » « Écureuil a dit que la chouette s'en va la semaine prochaine parce que personne n'a voulu venir à son anniversaire ! » « La chouette a dit qu'elle revient la semaine prochaine pour organiser une fête pour l'anniversaire d'Écureuil ! »

Le troisième jour

Consigne Transformer le message de départ.

Message de départ

Écureuil dit : « J'ai une grande nouvelle ! C'est la fête des rois lundi ! J'aimerais inviter tous mes amis pour manger la galette des rois. Passe le message aux autres. »

Le message se transforme

« J'ai une bonne nouvelle ! Tous les amis sont invités à faire une galette des rois pour la fête de l'écureuil ! » « J'ai une bonne nouvelle ! Tous les amis sont invités à se déguiser en rois pour venir manger la galette lundi prochain ! » « Le roi a une triste nouvelle à vous annoncer : « Écureuil est tombé malade parce qu'il a mangé trop de galette ; venez tous lui rendre visite lundi ! »

Le quatrième jour

Lecture découverte

Texte d'un message transformé

La reine fait une bonne galette pour le petit roi malade.
La reine est malade : le petit roi lui a fait une bonne galette.
La galette de la reine n'était pas bonne, le petit roi est tombé malade.

Le petit roi est tombé malade parce que la galette de la reine n'était pas bonne !

Les mots de la première phrase, qui a déjà été étudiée, sont connus des enfants. Ils comparent les phrases ; ils repèrent les mots qui sont identiques et prennent conscience que leur emplacement change.

Les mots inconnus sont « devinés » par référence au contexte et au sens logique de la phrase.

LES ENFANTS – *La reine est malade : le petit roi .... une bonne galette.*

– *... lui donne !*

– *Lui apporte !*

– *Lui fait... C'est* ***lui a fait****, parce que je reconnais le* ***a*** *et* ***fait*** *ça commence par un* ***F*** *!*

– *La galette de la reine .... bonne, le petit roi est .... malade.*

– *La galette de la reine est* ***très*** *bonne, le petit roi* ***n'est plus*** *malade !*

UN AUTRE ENFANT, déchiffrant **pas**

– *Non, c'est la galette de la reine* ***n'est pas*** *bonne, le petit roi est* ***très*** *malade !*

L'ENSEIGNANT, reprenant la phrase exacte

– *La galette de la reine n'****était*** *pas bonne, le petit roi est* ***tombé*** *malade.*

Cet exercice développe un comportement de lecteur : « L'identification et l'anticipation des formes écrites ne portent pas seulement sur les mots mais sur les relations et les rapports que les mots ont entre eux. On tire une signification d'une organisation et non d'une suite de mots » (*La manière d'être lecteur,* J. Foucambert).

Ces jeux de lecture découverte sont considérés par les enfants comme des devinettes. En faisant manipuler des mots connus, les replacer dans un autre contexte, on en favorise la mémorisation à long terme.

Le cinquième jour

Consigne À partir du texte de départ, imaginer une suite.

L'enseignant propose le message de départ : « Le Petit Chaperon rouge apporte une galette à sa grand-mère, qui est malade. »

Situation L'enseignant écrit au tableau les phrases qu'il aura sélectionnées parmi les suggestions des enfants.

« Le Petit Chaperon rouge apporte une galette à sa grand-mère, qui est malade. »
« La grand-mère apporte une galette au Petit Chaperon rouge, qui est malade. »
« La grand-mère est malade parce qu'elle a mangé la galette du Petit Chaperon rouge ! »
« La grand-mère et le Petit Chaperon rouge apportent une galette au loup, qui est malade ! »

Constitution du dictionnaire

Mots connus : galette, malade, est, mange, le loup.

Mots clés : le Petit Chaperon rouge et la grand-mère sont écrits sur le dictionnaire mural.

le Petit Chaperon rouge

la grand-mère

Ces indices permettent aux enfants de rechercher le sens de chaque phrase en se référant aux mots connus, à leur emplacement dans la phrase.

Les mots inconnus seront « devinés » en recherchant le sens logique de chaque phrase. Les enfants lisent ce qu'ils connaissent et suggèrent les mots écrits entre parenthèses.

LES ENFANTS – *Le Petit Chaperon rouge* .... *une galette à sa grand-mère, qui est malade* (fait, donne, apporte).

- *La grand-mère est malade .... a mangé la galette du Petit Chaperon rouge!* (parce que).
- *La grand-mère et le Petit Chaperon rouge .... une galette ...., loup, qui est malade!* (apportent, au).

Prolongement

Consigne ***Jeu du téléphone***

Faire passer un message d'une oreille à l'autre et comparer le message de départ et celui de fin.

Graziella Di Martino
et Catherine Mondoloni
Éditions Fleurus-enfants

Imaginer un texte en respectant une structure particulière

Pour le congrès annuel des sorcières, Aglagla, une drôle de petite sorcière, met au point une potion magique qui lui permettra d'aller dans le futur. En absorbant cette potion, Aglagla et les sorcières sont propulsées en l'an 2422.

L'histoire se termine ainsi : Gros Pignouf, le chat, soupire en disant : « Si tu continues tes expériences complètement folles, je vais bien me retrouver en direction de la Lune ! »

Le premier jour

Situation Découverte de l'album.

Le deuxième jour

Objectif Élaborer un dictionnaire avec l'aide des enfants.

Matériel Une grande feuille partagée en plusieurs cases (tiroirs du placard). Dans chaque case est dessiné un bocal.

Ce tableau, correspondant au placard de la sorcière, tiendra lieu de dictionnaire provisoire.

Situation L'enseignant propose le jeu suivant : « L'année prochaine, Aglagla retournera au congrès des sorcières. Pour obtenir le premier prix, elle inventera une potion pour aller sur la Lune ! Aidons Aglagla à faire ses courses et à acheter les ingrédients nécessaires pour son laboratoire. »

Matériel L'enseignant aura découpé au préalable des images de bestioles bizarres (fourmis, araignées, crapauds, serpents…). Au fur et à mesure des trouvailles des enfants, l'enseignant colle (ou dessine) les différents éléments nommés par les enfants dans chaque bocal. Il écrit ce que contient le bocal.

Ce jeu plaît beaucoup aux enfants ; ils n'ont aucune difficulté à trouver toutes sortes de bêtes ou de choses bizarres et « dégoûtantes » à utiliser pour la réalisation de cette potion.

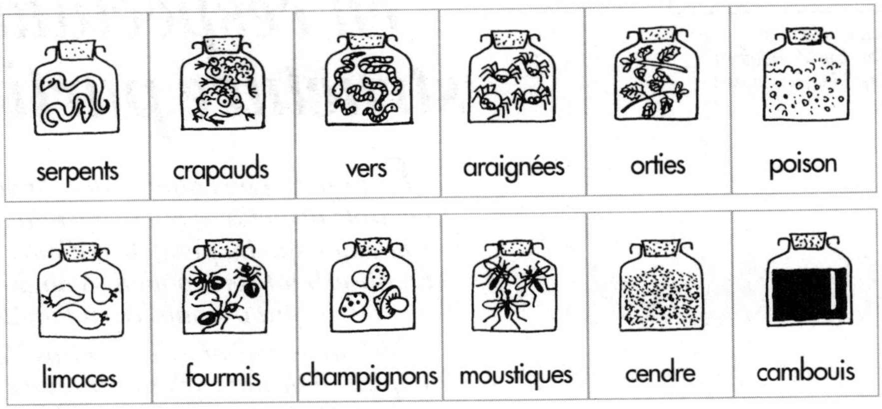

Le troisième jour

Lecture découverte

Situation L'enseignant présente une recette aux enfants.

Recette de la potion d'Aglagla pour aller sur la Lune

Il faut :

1 queue de serpent

1 verre de poison

6 pattes d'araignée

2 vers de terre

1 pincée de cendre

2 cuillères de cambouis

Mettre le tout dans une casserole.  Bien remuer, 

et faire cuire à feu doux  pendant 10 minutes ! 

Les enfants n'ont pas de difficulté à reconnaître qu'il s'agit d'une recette !

L'ENSEIGNANT – *Qui l'a écrite ?*

UN ENFANT – *Aglagla !*

L'ENSEIGNANT – *Pourquoi ?*

UN ENFANT – *Pour faire une potion pour aller sur la Lune !*

LES ENFANTS émettent de nombreuses hypothèses.

– *Un... serpent.* (Repéré sur le dictionnaire.)
– *Un verre de poison.* (Même chose.)
– *Six... fourmis.* (Mauvaise interprétation de l'image.)
– *Deux vers de terre.*
– *De la cendre.*
– *Deux cuillères de cambouis.*
– *On met tout dans une casserole.*
– *Mélanger.*
– *Faire cuire sur le feu.*
– *Pendant 10 minutes.*

Les hypothèses sont vérifiées.

LES ENFANTS – *Un serpent.* (Retour à l'illustration.) *On n'a pas mis le serpent en entier !*
– *C'est une queue de serpent !*
– *Six... fourmis.* (Observation du mot **araignée**, identification du mot grâce au dictionnaire ; retour à l'image.) *On n'a pas mis les araignées en entier !*
– *Ce sont les pattes ! C'est **Six pattes d'araignée** ! Ça commence par un **P** et un **A**, ça fait **PA**.*

UN ENFANT, repérant le chiffre **1**

– *C'est **Une PPPPP... cendre** !*, dit-il en essayant de déchiffrer, ***un peu de cendre***. La référence à l'illustration confirme cette hypothèse.

L'ENSEIGNANT – *Comment dit-on quand on met un peu de sel ?*

L'ENFANT – *Une pincée de sel ! Ah ! C'est **une pincée de cendre** !*

L'ENSEIGNANT, lisant le premier mot

– *Mettre...*

Les enfants liront la suite sans difficulté.

L'ENSEIGNANT – *Ça ne peut pas être **mélanger**, ça ne commence pas par un **M**. Comment peut-on encore dire pour **mélanger** ?*

LES ENFANTS – *Tourner, frapper, remuer.*

– *C'est remuer parce que ça commence par un **R** et un **E**.*

Le quatrième jour

Inventer une recette pour Aglagla

Objectifs Produire un texte selon la même structure. Utiliser les mots du dictionnaire et un vocabulaire adapté.

Situation L'enseignant propose : « Cherchons un autre endroit où Aglagla voudrait aller (en Amérique, en Afrique, etc.). Aidons-la à inventer une potion magique. »

Les propositions sont nombreuses : « Des limaces, des araignées, des serpents, du poison... » Acquisition de vocabulaire : « Comment faire pour déterminer les dosages et les quantités pour les ingrédients ? » Référence à la recette précédente : « Une queue de... », « Six pattes de... », « Un verre de... », « Deux cuillères de... », « Une pincée de... ». Recherche de termes déterminant la quantité des éléments liquides, éléments qui se dénombrent, éléments solides qui ne se dénombrent pas, pour les animaux...

Recette dictée à l'enseignant par les enfants

Il faut :
1 tête de crapaud
2 têtes de serpent
1 verre de cambouis
4 fourmis
1 brin d'ortie
5 champignons vénéneux
Mettre le tout dans une casserole. Bien remuer, faire cuire pendant 1 heure !

Aboutissement

Objectif Réaliser un petit livre à emporter et à relire à ses parents.

Situation Chaque enfant choisit une séquence ; il fait le dessin et écrit le groupe de mots correspondant.

Consigne Retrouver la suite chronologique de la recette, en classant les feuilles pour relier le livre.

La recette
de la sorcière Aglagla

1 tête de crapaud

2 têtes de serpent

1 verre de cambouis

4 fourmis

etc.

John Rowe
Éditions Nord-Sud
Ruth Brown
Éditions Gallimard
Janosch
Éditions Nord-Sud

Replacer un texte dans son livre d'origine

Nous vous proposons ici un travail à partir de trois albums différents.

Lecture découverte

Objectifs Développer un comportement de lecteur. Prélever des indices et rechercher du sens. Émettre des hypothèses, les vérifier, les rectifier. Développer un comportement comparatif et favoriser l'anticipation.

Consigne Comparer et identifier trois phrases. Trouver à quel conte se rapporte chacune d'entre elles.

Situation L'enseignant présente trois phrases prélevées dans trois contes qui ont été racontés aux enfants.

> Il était une fois un petit homme qui possédait un pommier.
> Il était une fois dans un pays sombre, très sombre.
> Il était une fois une famille de souris qui vivait dans une toute petite maison.

Mots connus : petit, qui, pomme, souris, dans, maison. Les titres.

Certains indices permettent aux enfants de deviner de quels contes il s'agit.

L'ENSEIGNANT – *Voici trois phrases correspondant à trois contes que vous connaissez bien, les reconnaissez-vous ?*

UN ENFANT, repèrant **un petit homme** (référence au titre mémorisé)

– *C'est l'histoire du petit homme qui avait une pomme.*

UN ENFANT, repérant **sombre, très sombre** (référence au titre mémorisé)

– *C'est une histoire sombre !*

UN ENFANT, en montrant le début de chaque phrase.

– *Ça commence trois fois pareil !*

Pour relancer l'intérêt, l'enseignant donne le début : **Il était une fois...**

LES ENFANTS – *Ah ! C'est le début des histoires !*

On relit la première phrase. On observe bien le mot **pommier** : ce n'est pas **pomme**.

UN ENFANT – *C'est **pommier** !*

L'enseignant donne le mot **possédait** et on relit toute la phrase.

UN ENFANT – *Il était une fois une... histoire sombre, très sombre.*

L'ENSEIGNANT, en montrant le mot **pays**.

– *Non, ce n'est pas **histoire**.*

UN ENFANT, se souvenant du début de l'histoire.

– *C'est un **pays** sombre.* (Il confirme l'hypothèse.) *Ça commence par un **P** !*

La troisième phrase est plus difficile à identifier. On repère le mot **souris** mais il existe plusieurs histoires de souris ! Les enfants émettent de nombreuses hypothèses :

LES ENFANTS – *C'est la souris verte !*

– *C'est Mandarine, la petit souris grise !*

Ces hypothèses sont infirmées : ces histoires ne commencent pas par **Il était une fois** !

UN ENFANT – *C'est la famille souris qui habitait dans une petite maison !*

L'ENSEIGNANT corrige.

– *...qui **vivait** dans une **toute** petite maison.*

On relit tout le texte.

L'ENSEIGNANT – *Où ces phrases se situent-elles dans les contes ?*

LES ENFANTS – *Au début, parce que ça commence par **Il était une fois** !*

Application

Consigne Reconstituer les phrases en complétant avec le groupe de mots qui convient.

Il était une fois un petit homme	sombre, très sombre.
Il était une fois un pays	qui vivait dans une toute petite maison.
Il était une fois une famille de souris	qui possédait un pommier.

Consigne Déplacer le groupe de mots qui convient pour reconstituer la phrase exacte.

> Il était une fois un petit homme qui vivait dans une toute petite maison.
> Il était une fois une famille de souris qui possédait un pommier.

Prolongement

Consigne Inventer une histoire qui commence par « Il était une fois… »

Ruth Braun
Éditions Gallimard
Janosch
Éditions Nord-Sud

Construire un texte suivant le schéma d'un conte connu

Une histoire sombre, très sombre :
un conte pour ceux
qui aiment se faire peur !

Le petit homme à la pomme :
le pauvre homme est bien malheureux…
son pommier
ne porte jamais de fruits !

Le premier jour

Jeux de langage

Premier exercice

Objectif Inventer une histoire en gardant la même structure.

Par exemple : une histoire claire, très claire .... ; une histoire triste, très triste..................

Second exercice

Objectif Retranscrire une histoire « à la manière de ».

Consigne Retranscrire le conte *Le petit homme à la pomme* en utilisant la présentation et la structure du conte *Une histoire sombre, très sombre.*

L'enseignant indique aux enfants les adjectifs à utiliser : **petit** et **grand**.
L'ENSEIGNANT – *Dans un pays, il y avait…*

Les enfants comprennent rapidement la consigne. Les propositions sont nombreuses mais dispersées.

La difficulté est de respecter l'ordre chronologique de l'histoire et de ne s'intéresser qu'à ses points essentiels, or les enfants ont tendance à s'attarder sur les petits détails. Pour les aider, l'enseignant les guide en les questionnant : « Qu'est-ce qu'il y a dans ce pays ? », « Qui habite dans la maison ? », « Qu'y a-t-il devant la maison ? »...

Le deuxième jour

Lecture découverte

Objectif Développer chez l'enfant une attitude de « questionneur » de texte. Identifier un texte connu à l'oral.

Situation Environ deux semaines plus tard, le texte inventé par les enfants est affiché au tableau. **Les enfants ne savent pas de quel texte il s'agit.**

> Dans un pays, il y avait une maison, petite, très petite.
> Dans cette maison, habitait un homme, petit, très petit.
> Devant la maison, il y avait un jardin, petit, très petit.
> Dans le jardin, il y avait un arbre, petit, très petit.
> Sur l'arbre, il y avait une belle pomme grande, très très grande !

Grâce à sa structure répétitive particulière et à un nombre important de mots connus, les enfants identifieront rapidement ce texte.

LES ENFANTS, repérant les mots connus (petit, homme, pomme, maison).

– *C'est l'histoire du petit homme et de la pomme !*

UN ENFANT lit

– *Une maison petite... petite !*

L'enseignant donne le mot **très**.

LES ENFANTS – *Une maison petite, très petite.*

– *Un homme petit, très petit.*

– *Ah ! Moi je sais, c'est l'histoire qu'on a inventée !*

UN AUTRE ENFANT repérant **pomme**

– *Et là, c'est écrit* ***la pomme grande, très grande****.*

Grande est « deviné » par opposition à **petit**, répété dans les phrases précédentes, et par référence à la structure connue de *Une histoire sombre, très sombre.*

UN ENFANT lit (l'histoire mémorisée aidant)

– *Dans un pays, il y avait une maison, petite, très petite.*
Dans la maison, il y avait un homme petit, très petit.

UN ENFANT émet des hypothèses sur l'enchaînement logique.

> – *D'abord, c'est* ***dans un pays, il y a une maison*** *; après c'est* ***dans la maison, il y a un homme****, puis* ***dans le jardin, il y a un pommier*** *et* ***sur le pommier, il y a une pomme.***

Les enfants remarquent que le mot **maison** est repris dans la phrase suivante, de même que pour **jardin** et **arbre**.

Cette disposition particulière aide les enfants à retrouver la chronologie de l'histoire. Grâce à cet enchaînement logique et à la connaissance orale de cette histoire, les enfants n'auront pas de difficulté à relire tout le texte.

Prolongements

Approfondissement

Objectif Comparer l'orthographe des adjectifs au féminin et au masculin : faire prendre conscience que l'orthographe des adjectifs change selon le genre du mot (une maison petite… – un homme petit).

Consigne Reprendre le texte et en changer le sens en inversant le qualificatif.

> Dans un pays, il y avait une maison, grande, très grande.
> Dans cette maison, habitait un homme, grand, très grand.
> […]
> Sur l'arbre, il y avait une belle pomme, petite, très très petite.

Les enfants avec l'aide de l'enseignant comparent l'orthographe des adjectifs des deux textes. On distingue les noms au masculin et au féminin : un homme, une pomme.

Applications

Exercice 1

Matériel Des bandes sur lesquelles sont écrits les groupes de mots mélangés.

Consigne Faire correspondre les groupes de mots.

DANS UN PAYS	IL Y AVAIT UN JARDIN, PETIT, TRÈS PETIT.
DANS LA MAISON	IL Y AVAIT UNE MAISON, PETITE, TRÈS PETITE.
DEVANT LA MAISON	HABITAIT UN HOMME PETIT, TRÈS PETIT.

Exercice 2

Matériel Des étiquettes avec les mots connus à insérer + le texte à compléter.

Consigne Compléter le texte avec les mots qui conviennent.

UNE MAISON	UN HOMME	UN JARDIN	UN ARBRE	UNE POMME

Dans un pays, il y avait .... petite, très petite.

Dans cette maison, habitait .... petit, très petit.

Devant la maison, il y avait .... petit, très petit.

Dans le jardin, il y avait .... petit, très petit.

Sur l'arbre, il y avait .... grande, très très grande.

Exercice 3

Consigne Écrire l'orthographe exacte de l'adjectif en liaison avec le genre du mot (représenté par un dessin).

PETIT	PETITE

Illustrations de Y. Imoto
Texte français de D. Barrios-Delgado
Les Éditions du Cerf

Réaliser le journal d'un personnage familier de la classe

Pour son anniversaire,
un petit garçon a reçu un petit chien, Toupie.
Il raconte les aventures de Toupie
sous la forme d'un journal.
28 mars : c'est mon anniversaire.
On m'a donné un petit chien.
5 avril : le ciel est le bleu. Mon chien n'a plus
peur. Il court comme un fou…

Réalisation d'un journal de classe

Objectifs Apprendre à se repérer dans le temps.

Réaliser un journal de classe illustré dans lequel on résumera tous les événements importants qui se présenteront dans le courant du premier trimestre : repérer et entourer ces dates clés sur le calendrier.

19 septembre :	Lili nous a apporté des pommes. Nous avons fait une compote de pommes.
22 septembre :	Nous avons fait une promenade dans la forêt.
5 octobre :	Nos amis (les correspondants) nous ont invités à leur fête.
20 novembre :	Nous avons visité le jardin zoologique.
16 décembre :	Le Père Noël nous a apporté un beau livre…

Les enfants apprennent à cerner les points importants de l'événement et à les résumer en une courte phrase, en ne gardant que l'essentiel. L'enseignant écrit cette phrase, puis les enfants l'illustrent par un dessin.

L'album trouvera sa place à la bibliothèque ; les enfants pourront le relire au fur et à mesure qu'il sera complété.

Réalisation d'un journal pour notre marionnette Gugus

14 septembre :	Gugus nous a apporté des champignons.
25 septembre :	Gugus est malade, il a la varicelle !
12 octobre :	Gugus nous a appris une belle chanson.
14 novembre :	Gugus a trouvé un petit chat perdu : nous l'avons appelé Bouboule.

Un petit album peut être réalisé, racontant les aventures de Gugus : les phrases sont proposées par les enfants, écrites par l'enseignant et illustrées par les enfants.

Réalisation d'un journal pour le cycle de vie d'une fleur, d'un animal

Objectif Repérer, sur le calendrier, les étapes importantes de l'évolution d'une plante, les inscrire au fur et à mesure.

Pour l'évolution d'une plante : on plante une graine. Une petite pousse sort de la terre. Elle a déjà de nombreuses feuilles et des bourgeons. Une petite fleur s'ouvre.

Pour l'évolution du têtard à la grenouille : dans notre aquarium nous avons des œufs de grenouille. Des petits têtards sortent des œufs : ils ont une tête et une queue. Les pattes de derrière ont poussées. Les pattes de devant ont poussées. La queue est tombée. Le têtard s'est transformé en grenouille !

Exercice 1

Objectif Faire correspondre une date et un événement.

Matériel Étiquettes avec les dates + bandes avec les phrases qui correspondent à chaque date.

Consigne Retrouver la date correspondant à chaque événement.

Exemple

4 AVRIL	23 MARS
UNE PETIT POUSSE SORT DE LA TERRE.	ON PLANTE UNE GRAINE.

Exercice 2

Objectif Retrouver la suite chronologique de l'histoire.

Matériel Bandes avec la date et l'action correspondante.

Exemple

4 AVRIL : UNE PETITE POUSSE SORT DE LA TERRE.

19 AVRIL : ELLE A DÉJÀ DE NOMBREUSES FEUILLES.

23 MARS : ON PLANTE UNE GRAINE.

Consigne Mélanger les phrases puis les remettre dans l'ordre en se référant soit à la date, soit à la suite logique de l'histoire.

Texte d'Anaël Dena
Illustrations
de Danièle Schulthess
Éditions Nathan

Produire un texte « à la manière de »

Ce petit livre fait découvrir aux enfants les premières notions simples sur la pluie : grâce à leur structure répétitive et rythmée, les phrases résonnent comme une chanson : « Flic, flac, floc. Qu'est-ce qui fait ce drôle de bruit ? C'est la pluie ! » « Qu'est-ce qui tombe des nuages quand le ciel s'assombrit ? C'est la pluie ! »

Le premier jour

Situation Découverte de l'album : en racontant l'histoire, l'enseignant peut lire la question et laisser les enfants lire la réponse, « C'est la pluie ! », écrite en gros caractères et qui revient comme un refrain dans le texte.

Le deuxième jour

Consigne Poser des questions : « À quoi sert la pluie ? », « À quoi sert le soleil ? »

Objectif Établir des comparaisons et faire des descriptions (effets bénéfiques – effets néfastes).

Le troisième jour

Objectif Réaliser un petit livre sur le soleil en reprenant la même trame que le livre *Julie sous la pluie.*

Au fur et à mesure des propositions des enfants, l'enseignant retient les phrases exactes et pertinentes et les écrit au tableau.

L'ENSEIGNANT – *Nous allons chercher un titre.*
UN ENFANT – *Julie sous le soleil !*
L'ENSEIGNANT – *Que fait le soleil ?*
LES ENFANTS – *Il nous fait bronzer.*
– *Il nous réchauffe.*
– *Il fait pousser les fleurs.*
– *Il nous fait transpirer.*
– *Il nous fait mal aux yeux.*

L'enseignant suggère de construire des phrases en reprenant la même structure que celle de l'histoire de Julie sous la pluie.

Julie sous le soleil

– Qu'est-ce qui chasse la nuit et fait le jour ?
– C'est le soleil !
– Qu'est-ce qui nous réchauffe le corps ?
– C'est le soleil !
– Qu'est-ce qui nous fait transpirer ?
– C'est le soleil !
– Qu'est-ce qui fait pousser les fleurs ?
– C'est le soleil !
– Qu'est-ce qui nous fait bronzer ?
– C'est le soleil !
– Qu'est-ce qui nous fait mal aux yeux ?
– C'est le soleil !
– Et qui met ses lunettes pour protéger ses yeux ?
– C'est Julie !

Le quatrième jour

Objectif Réaliser un album que l'on pourra relire à la BCD.
Les enfants illustrent chaque phrase par un dessin. Le support de l'illustration permettra aux enfants de retrouver le sens de chaque paragraphe et de relire facilement chacun d'eux grâce à la structure répétitive.

Il existe un album *Léa au soleil* dans la même collection. Après avoir réalisé notre livre, nous pouvons comparer notre texte avec celui de cet album. On y retrouvera la même structure, des idées identiques et d'autres différentes.

1.

Julie au soleil

2.
Qu'est-ce qui chasse la nuit et fait le jour ? C'est le soleil !

3.
Qu'est-ce qui nous réchauffe le corps ? C'est le soleil !

4.
Qu'est-ce qui nous fait transpirer ? C'est le soleil !

5.
Qu'est-ce qui fait pousser les fleurs ? C'est le soleil !

6.
Qu'est-ce qui nous fait bronzer ? C'est le soleil !

7.
Qu'est-ce qui nous fait mal aux yeux ? C'est le soleil !

8.
Et qui met ses lunettes pour protéger ses yeux ? C'est Julie !

Asun Balzola
Josep Parramon
Éditions Bordas

Travailler sur la structure de phrase : « Lorsque... »

Ce livre explique aux enfants ce qui se passe au printemps. Constitué de peu de texte, cet ouvrage a de très belles illustrations.

Le premier jour

Situation Narration de l'histoire. L'enseignant lit les phrases en même temps qu'il montre les images.

Ce « documentaire » se présente ainsi : lorsque les arbres sont en fleurs… et que les prés sont verts… Lorsque les plantes poussent, et que les fleurs éclosent… Lorsque le ciel est bleu, etc.

Le deuxième jour

Objectif Savoir construire une phrase en respectant une structure particulière.

Consigne Imaginer un texte semblable au *Printemps* pour décrire l'hiver.

Les enfants cherchent tout ce qui peut caractériser l'hiver : description, période, occupations, événements, bienfaits, méfaits… Puis l'enseignant leur demande de construire des phrases en respectant la structure « Lorsque... ».

L'enseignant sélectionne les phrases exactes et judicieuses et les écrit au tableau au fur et à mesure des trouvailles.

Texte obtenu

L'hiver

Lorsqu'il fait froid,
Lorsque la neige tombe,
Lorsque les arbres sont nus,
Lorsque les oiseaux sont partis,
Lorsque nous mettons nos gants,
Lorsque nous faisons un bonhomme de neige,
Lorsque le ciel est gris,
Lorsque nous faisons du ski,
C'est l'hiver !

En faisant correspondre à chaque phrase un petit dessin, les enfants pourront relire ce texte très facilement.

Le troisième jour

Objectif Réaliser un album.

Chacun des enfants choisit la séquence qu'il désire illustrer. Le petit livre est relié et exposé à la bibliothèque, où les enfants pourront le relire.

L'hiver

1 Lorsque la neige tombe,

2 Lorsque les arbres sont nus,

3 Lorsque le ciel est gris,

etc.

La mise en relation de chaque illustration avec la phrase correspondante permettra aux enfants de relire facilement ce petit livre.

Le quatrième jour

Objectif Comparer deux textes

Matériel Un album sur l'hiver existe dans la même collection que *Le printemps.*

Situation L'enseignant lit les phrases qui accompagnent les illustrations.

Les enfants remarquent que les phrases ne sont pas présentées selon la même structure dans notre livre et dans *Le printemps.*

En revanche, on retrouve des idées semblables, d'autres différentes !

Le cinquième jour

Objectif Conserver le sens de la phrase tout en changeant la structure.

Consigne Reprendre le texte *L'hiver* des éditions Bordas et traduire le sens de chaque phrase en reprenant la structure « Lorsque… ».

Phrases du livre	*Phrases transformées par les enfants*
Quel froid !	Lorsqu'il fait froid,
C'est le temps de la neige.	Lorsqu'il neige,
Le temps des jeux dans la neige.	Lorsque nous jouons dans la neige,
Le temps du ski.	Lorsque nous faisons du ski,
Le temps de la taille des arbres.	Lorsqu'on taille les arbres,
C'est l'hiver !	C'est l'hiver !

Hanne Türk
Éditions Nord-Sud

Employer la phrase conditionnelle « Si j'étais... »

Si Alex était le Père Noël, personne ne serait oublié, il se rendrait dans tous les coins de la terre et chacun recevrait ce dont il a rêvé !

Le premier jour

Situation Narration de l'histoire.

Le deuxième jour

Objectif Inventer une poésie en utilisant la même structure « Si j'étais... » que celle de l'album et en respectant la rime.

Consigne Trouver une suite à « Si j'étais..., je serais le plus... ».

L'enseignant dit la première strophe

Si j'étais un éléphant. je serais le plus grand.	Si j'étais..., Je serais le plus...

Les enfants ont proposé les textes suivants

Si j'étais une souris, je serais le plus petit !	Si j'étais un lapin, je serais le plus malin !	Si j'étais un taureau, Je serais le plus gros !
Si j'étais un alligator, je serais le plus fort !	Si j'étais un loup, je serais le plus fou !	Si j'étais un serpent, je serais le plus méchant !
Si j'étais un oiseau, je serais le plus beau !	Si j'étais un zèbre, je serais le plus maigre !	Si j'étais une chenille, je serais la plus gentille !

Le troisième jour

Objectif Classer les mots et identifier ceux qui riment.

Consigne Demander aux enfants d'identifier tous les noms d'animaux et tous les adjectifs qualificatifs.

L'enseignant les écrit au tableau.

noms d'animaux	*adjectifs*
éléphant	grand
souris	petit
alligator	fort
oiseau	beau

Les enfants repèrent les phénomènes identiques dans deux mots.

LES ENFANTS – ***Oiseau****, c'est comme* ***beau*** *: on entend* ***o*** *!*
– *Dans* ***souris*** *et* ***petit****, on entend* ***i****.*

Le quatrième jour

Objectif Anticiper le sens d'un texte en prélevant un indice (nom de l'animal).

Lecture découverte

Si j'étais une souris,
je serais le plus petit !

Si j'étais un loup,
je serais le plus fou !

Si j'étais un lapin,
je serais le plus malin !

Si les enfants connaissent les mots clés (lapin, souris, loup), les illustrations ne sont pas nécessaires pour questionner les textes.

Les enfants identifient la poésie qu'ils ont inventée l'avant-veille grâce aux illustrations.

Par le biais de l'image, les enfants devinent de quel animal parle chacune des strophes. Les groupes de mots identiques dans les strophes sont repérés : « Si j'étais..., », « je serais le plus... ».

Ces groupes de mots sont identifiés grâce à la connaissance orale de la poésie.

La structure répétitive et la disposition régulière de chaque strophe aideront les enfants au cours de leur lecture.

Le repérage des mots clés (lapin, loup et souris) permettra aux enfants d'anticiper les adjectifs possibles (mots qui riment avec le nom de l'animal).

Les adjectifs sont identifiés par la mise en relation avec les noms d'animaux. « Si j'étais un lapin, je serais le plus... vilain, coquin, malin... »

Vérification des hypothèses : on choisit **malin** parce que ça commence par un **M** et **A** comme **maman** !

Les noms d'animaux et les adjectifs sont facilement repérés grâce à leur disposition particulière dans les strophes (en fin de vers).

Les strophes sont relues sans difficulté.

Le cinquième jour

Objectif Inventer une suite à une chanson : *Yok, Yok, le petit magicien.*

Consigne Garder la même structure que celle de la chanson : « Si je vois…, moi, je le change en… ! »

Les enfants ont inventé cette suite.

Si je vois un gros loup gris,
moi, je le change en souris !

Si je vois une sorcière,
moi, je la change en soupière !

Si je vois un chasseur,
moi, j'le change en jolie fleur !

Si je vois un ogre méchant,
je le change en éléphant !

Si je vois une prison
je la change en limaçon !

Le sixième jour

Lecture découverte des textes ci-dessus

Objectif 1 Anticiper le sens du texte en prélevant des indices.

Par le biais des images, les enfants identifient la chanson de Yok, Yok ! : « C'est le magicien qui a changé le loup gris en souris, le chasseur en fleur… »

Objectif 2 Rechercher, dans chaque strophe, le mot correspondant au dessin : souris, soupière, fleur, éléphant, limaçon.

Les enfants repèrent les groupes de mots identiques : « Si je vois… » et « je le change en… ». Ces groupes de mots sont « lus » grâce à la connaissance orale de la chanson. **Loup gris** est deviné par la mise en relation avec **souris**. **Sorcière** est identifié par la mise en relation avec **soupière**, etc. Les enfants relèvent plusieurs indices : les indices graphiques relatifs à la rime (mots qui se terminent « pareil ») et les indices de position (à la fin de chaque vers).

Le septième jour

Objectif Réaliser un petit livre à emporter et à relire à ses parents.

Consigne Demander aux enfants d'illustrer eux-mêmes leur petit livre et de dessiner l'animal correspondant. Les illustrations aideront les enfants à anticiper le sens de chaque strophe et à les relire.

Keiko Kasza
Éditions Kaléidoscope

Observer la répétition d'une même structure

Choco est un petit oiseau qui vivait tout seul. Il aurait bien voulu une maman… Finalement, il trouva une maman !

Le premier jour

Situation Découverte de l'histoire.

Le deuxième jour

Dictionnaire des animaux rencontrés par Choco

la girafe — Choco — le pingouin — le morse — l'ourse

Le troisième jour

Lecture découverte

– Bonjour, madame Girafe ! Êtes-vous ma maman ?
– Non, Choco, je ne suis pas ta maman ! Je suis la girafe !

Consignes Repérer les mots connus : maman, girafe, bonjour, Choco, madame. Déterminer la signification des signes de ponctuation (tirets et points d'interrogation).

Les mots « inconnus » sont devinés par leur mise en relation avec les mots connus et le sens logique du texte.

L'ENSEIGNANT – *De quoi parle le texte ?*
LES ENFANTS – *De Choco et de la girafe.* (Les enfants repèrent les mots connus.)
– *C'est Choco qui parle, parce qu'il y a des petits traits !*
L'ENSEIGNANT – *Que demande Choco à la girafe ?*
LES ENFANTS – *Est-ce que vous êtes ma maman ?* (Référence à la connaissance mémorisée de l'histoire.)
L'ENSEIGNANT – *Que lui répond la girafe ?*
LES ENFANTS – *Désolée, je ne suis pas comme toi... !*
L'ENSEIGNANT – *Qui peut me montrer des mots qu'il reconnaît ?»*
LES ENFANTS – *Maman, bonjour, Choco, girafe...*

Les petits mots tels que **non**, **je**, **ma** et **pas** sont facilement déchiffrés.

L'ENSEIGNANT relit avec les enfants ce qui est connu
– *«Bonjour madame Girafe, ... ma maman ?»*
«Non, Choco, je .... pas ta maman ! Je .... la girafe !»

Les enfants n'ont pas de difficulté à deviner les mots manquants.

UN ENFANT – *Es-tu ma maman ?*
L'ENSEIGNANT corrige
– *Êtes-vous ma maman ?*
LES ENFANTS – *Je suis la girafe.*
– *Je ne suis pas ta maman !*

Le quatrième jour

Lecture découverte

– Bonjour, madame Pingouin ! Êtes-vous ma maman ?
– Non, Choco, je ne suis pas ta maman ! Je suis un pingouin !

Ce texte est lu plus facilement par les enfants que le précédent.

Le cinquième jour

Lecture découverte

– Bonjour, madame Morse ! Êtes-vous ma maman ?
– Non, Choco, je ne suis pas ta maman ! Je suis un morse !

Ce jeu de lecture peut se prolonger avec d'autres animaux : madame Lapin, madame L'éléphant...

Une variante : les textes peuvent être présentés dans des bulles associées aux personnages. La lecture en sera alors facilitée.

Le sixième jour

Jeux de contrôle

Consigne Faire correspondre une bulle à chaque personnage.

Le septième jour

Objectif Réaliser un petit livre illustré (question-réponse) à emporter et à relire à la maison.

Consigne Associer chaque bulle à chaque personnage.

Le huitième jour

Jeux de langage

Consigne Rechercher les ressemblances et les différences entre les animaux.

Décrire Choco : c'est un oiseau, il a un bec, des ailes, des plumes, des pattes rayées, de bonnes grosses joues…

Devinettes : « Il a une robe jaune, il a un long cou, il a des taches, c'est… » « Il a une robe grise, il a une trompe, il est très grand, c'est……… » « Il a des poils bruns, il a des oreilles rondes et aime bien le miel, c'est…… »

Le neuvième jour

Lecture découverte

> Choco est jaune comme madame Girafe.
> Choco a des ailes comme madame Pingouin.
> Choco a de bonnes grosses joues comme madame Morse.

Les enfants repèrent les mots connus ou ceux qui sont répertoriés sur le dictionnaire. Ils trouvent les mots inconnus en les mettant en relation avec les mots connus et en se référant au sens du texte.

Le mot clé **comme**, important pour « deviner » le sens des phrases, peut être donné par l'enseignant.

LES ENFANTS peuvent lire

- *Choco est .... comme madame Girafe.*
- *Choco a .... comme madame Pingouin.*
- *Choco a .... comme madame Morse.*

En se référant aux ressemblances entre les différents animaux et Choco, les enfants émettent des hypothèses pertinentes : Choco est « jaune » comme madame Girafe...

Les hypothèses émises sont vérifiées avec les stratégies habituelles : analogies avec d'autres mots connus, déchiffrage partiel ou total, repérage de lettres connues associées aux phonèmes.

Le dixième jour

Devinette (réinvestissement)

Objectifs Repérer les mots étudiés précédemment dans un autre contexte. Lire un texte utilisant les mots étudiés précédemment.

Consigne Lire le texte et deviner de qui il s'agit (Choco).

> Je suis jaune.
> J'ai des ailes.
> J'ai de bonnes grosses joues.
> J'ai des pattes rayées.
> Je suis ....

Le onzième jour

Exercice collectif

Matériel Bulles dans lesquelles sont écrites des phrases + étiquettes avec les personnages.

Consigne Faire correspondre à chaque personnage la bulle qui convient.

Prolongements

Aboutissement

Objectif Réaliser un petit livre pour résumer l'histoire de Choco avec les personnages et les bulles qui correspondent.

Bonjour, madame Girafe ! Vous êtes jaune, comme moi. Êtes-vous ma maman ?
Non, Choco, je ne suis pas ta maman ! Je suis jaune, comme toi, mais je n'ai pas d'ailes.
Bonjour, madame Pingouin ! Vous avez des ailes, comme moi. Êtes-vous ma maman ?
Non, Choco, je ne suis pas ta maman ! J'ai des ailes, comme toi, mais je n'ai pas de bonnes grosses joues.
Bonjour, madame Morse ! Vous avez de bonnes grosses joues, comme moi. Êtes-vous ma maman ?
Non, Choco, je ne suis pas ta maman ! J'ai de bonnes grosses joues, comme toi, mais je n'ai pas de pattes rayées.
Bonjour, madame Ourse ! Vous n'êtes pas comme moi, vous n'êtes pas ma maman !
Non, Choco, je ne suis pas comme toi, mais je veux bien être ta maman.

Réinvestissement

Situation Choco rencontre d'autres animaux qui ne lui ressemblent pas.

Consigne Chercher un trait caractéristique de chaque animal.

Lecture découverte

> Madame L'éléphant n'est pas la maman de Choco,
> parce qu'elle a une trompe.
> Madame Lapin n'est pas la maman de Choco,
> parce qu'elle a de grandes oreilles.
> Madame La tortue n'est pas la maman de Choco.
> parce qu'elle a une carapace.
> Etc.

Les enfants peuvent lire « Madame … n'est pas la maman de Choco … ».

Éléphant, **lapin**, **tortue** sont trouvés facilement grâce à l'illustration correspondante. L'enseignant peut lire le mot **parce que** si aucun enfant ne le devine. La connaissance du trait caractéristique qui différencie chaque animal de Choco leur permettra de « deviner » **trompe**, **grandes oreilles**, **carapace**. Les hypothèses émises seront vérifiées avec les procédés habituels : « C'est **oreilles**, parce que ça commence par un **O**… » **Carapace** sera déchiffré facilement par un enfant déchiffreur.

Luísa Ducla Soares
et Manuela Bacelar
Éditions Zarafa

Favoriser l'anticipation par des structures répétitives

C'est l'histoire d'une petite poule qui, un beau jour, trouve son nid rempli d'œufs de taille et de couleur différentes. Couvés par la poule, les œufs finissent par se fendre… Il en sort des créatures bien différentes !

Le premier jour

Situation Narration de l'histoire.

Le deuxième jour

Lecture découverte

Dans son nid, la poule a trouvé : un œuf vert,
un œuf violet,
un œuf rose,
un œuf bleu,
et un œuf jaune.

Constitution du dictionnaire des couleurs

Sur le lexique sont représentés uniquement les œufs en couleur.

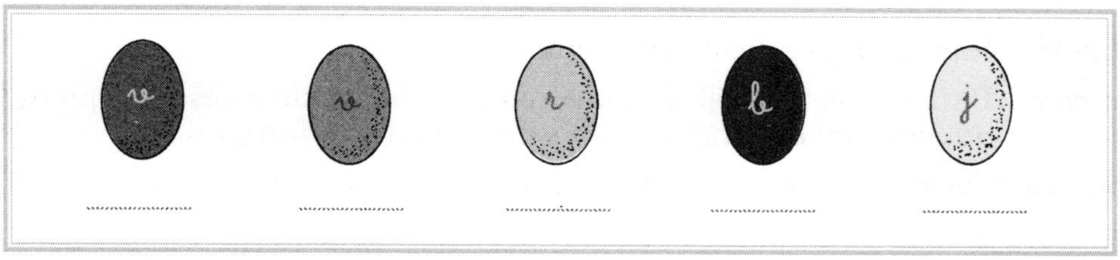

Consigne Comparer les mots qui correspondent aux différentes couleurs et prélever des indices qui permettent de les identifier.

Les enfants ont déjà une bonne connaissance de certaines lettres et de certains sons, ainsi que de la relation entre eux.

Les enfants repèrent les mots **œuf** et **poule**.

UN ENFANT – *C'est l'histoire des œufs mystérieux !*

LES ENFANTS lisent

– *Dans... la poule a... : un œuf...*

Ces indices permettent aux enfants de « deviner » les mots inconnus.

UN ENFANT – *Dans le nid, la poule a trouvé un œuf...*

L'ENSEIGNANT corrige

– *Dans* ***son*** *nid...*

Les enfants repèrent le mot qui se répète : **œuf**. Ils comprennent que les mots qui accompagnent **œuf** déterminent la couleur de chaque œuf.

Les enfants énumèrent les couleurs des œufs. (Référence à la connaissance orale de l'histoire.)

LES ENFANTS – *Elle a trouvé des œufs rose, vert, violet, jaune et bleu !*

L'ENSEIGNANT – *Qui trouve le mot qui correspond à chaque couleur ?*

UN ENFANT déchiffreur

– ***Rose*** *: un* ***R*** *et un* ***O****, ça fait un* ***RO*** *et un* ***S*** *et un* ***E****, ça fait* ***SE****, ça fait* ***ROSE*** *!*

L'ENSEIGNANT – *Qui voit le mot* ***jaune*** *?*

UN ENFANT – *Ça, c'est* ***jaune****, parce que ça commence par un* ***J*** *comme* ***Julie*** *!*

Au fur et à mesure des découvertes, l'enseignant complète le lexique des couleurs.

Le troisième jour

Objectif Identifier les adjectifs de couleur.

Matériel Bandes sur lesquelles sont écrits les groupes de mots + étiquettes sur lesquelles sont dessinés les œufs de couleurs différentes.

Consigne Faire correspondre le groupe de mots qui convient à chaque œuf.

UN ŒUF BLEU | UN ŒUF JAUNE | UN ŒUF VERT

UN ŒUF ROSE | UN ŒUF VIOLET

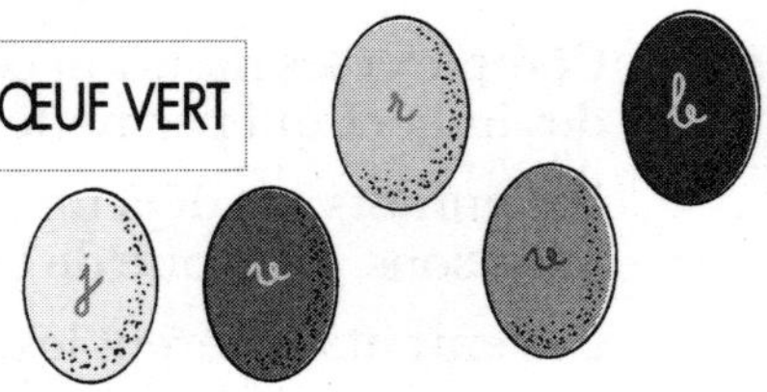

Le quatrième jour

Lecture découverte

La poule couva ses cinq œufs pendant quatre semaines :

l'œuf vert se fendit, un petit perroquet en sortit.

LES ENFANTS – *C'est l'histoire de la poule qui trouve des œufs de toutes les couleurs !*

LES ENFANTS – *Il y a un petit perroquet qui sort de l'œuf.* (Référence aux illustrations.)

On repère les mots clés : poule, œuf, vert.

L'ENSEIGNANT – *Que fait la poule sur son nid ?*

UN ENFANT – *Elle couve les œufs !*

L'ENSEIGNANT – *Pendant combien de temps ?*

Cinq et **quatre** sont identifiés (mots déjà rencontrés dans *La chenille qui fait des trous*). **Semaines** est reconnu par un enfant (référence à *La semaine de Monsieur Leloup*).

LES ENFANTS – *La poule... couve... cinq œufs pendant quatre semaines.*
– *L'œuf vert se...*
– *Un petit...*
– *C'est* ***un petit perroquet*** *parce que c'est le perroquet qui était dans l'œuf vert!* (Référence à la connaissance orale de l'histoire et à l'illustration.)
– *C'est* ***l'œuf vert s'ouvre et un petit perroquet sort de l'œuf****!*

L'ENSEIGNANT, pouvant lire
– *L'œuf vert* ***se fendit****...*

LES ENFANTS – *Un petit perroquet en sortit!* (Référence à la formule mémorisée qui se répète dans le conte.)

L'hypothèse est confirmée.

UN ENFANT – *C'est* ***sortit****, parce que ça commence par un* ***S*** *et un* ***O****...*

On relit tout le texte.

Le cinquième jour

Lecture découverte

La poule couva ses cinq œufs pendant quatre semaines.

L'œuf vert se fendit, un petit perroquet en sortit.

L'œuf violet se fendit, un petit serpent en sortit !

L'œuf rose se fendit, une petite autruche en sortit !

L'œuf bleu se fendit, un petit crocodile en sortit.

L'œuf jaune se fendit, un petit poussin en sortit.

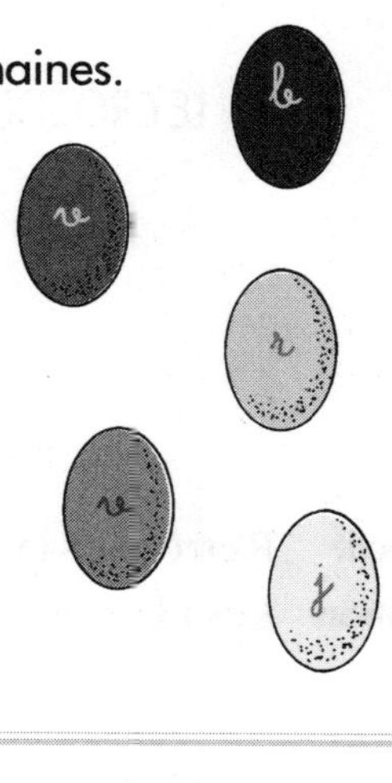

Les phrases ayant la même structure répétitive, les enfants n'ont pas de difficulté à lire tout le texte.

On compare les phrases : on repère ce qui est pareil, ce qui change !

Les couleurs sont identifiées et confirmées par référence à l'illustration.

Les mots inconnus (serpent, autruche, crocodile, poussin) sont trouvés par déduction, grâce à la mise en relation de la couleur de l'œuf et de l'animal qui en sort (les enfants se réfèrent à la connaissance orale de l'histoire). Les hypothèses sont vérifiées par prélèvement d'indices ou par le déchiffrage partiel.

LES ENFANTS – *C'est **serpent**, parce que ça commence par un **S**.*
– *C'est **poussin**, parce que ça commence par un **P** et parce qu'on entend les deux **S**.*

Les enfants sont très fiers de pouvoir relire tout le texte : « Moi, je sais tout lire ! »

Le sixième jour

Consigne Faire correspondre chaque œuf à l'animal qui convient.

Selon le niveau des enfants, un dictionnaire des animaux peut servir de référence.

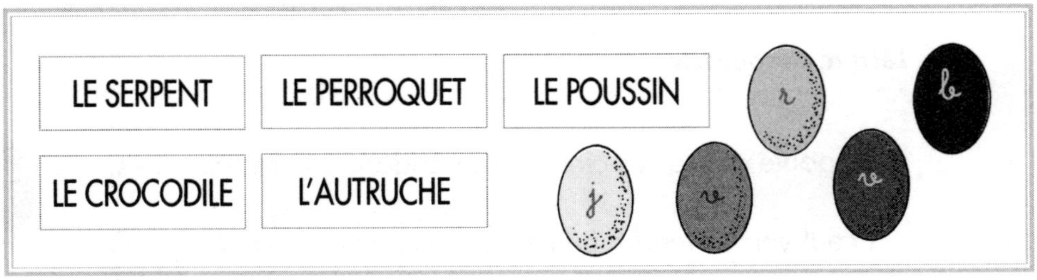

Le septième jour

Objectif Retrouver la chronologie de l'histoire.

Situation Les phrases sont écrites sur des bandes mélangées.

Consigne Remettre les phrases dans l'ordre en respectant la chronologie de l'histoire.

Exemple

L'ŒUF JAUNE SE FENDIT, UN PETIT POUSSIN EN SORTIT !	L'ŒUF BLEU SE FENDIT, UN PETIT CROCODILE EN SORTIT !

Le huitième jour

Objectif Reconstituer les phrases avec les groupes de mots.

Exemple

L'ŒUF ROSE SE FENDIT,	UN PETIT PERROQUET EN SORTIT !
L'ŒUF VERT SE FENDIT,	UNE PETITE AUTRUCHE EN SORTIT !

Les jours suivants

Phrases affirmatives

Objectifs Identifier les mots malgré leur emplacement différent dans la phrase. Comprendre que les mots peuvent se combiner différemment, ce qui peut changer le sens. Favoriser l'anticipation dans la recherche de sens. Augmenter progressivement son capital de mots.

Situation L'enseignant introduit progressivement des textes de structures différentes, utilisant les mots déjà connus et s'étoffant de mots nouveaux.

a. Lecture découverte

L'œuf du petit perroquet est vert.
L'œuf du petit serpent est violet.
L'œuf de la petite autruche est rose.
L'œuf du petit crocodile est bleu.
L'œuf du petit poussin est jaune.

b. Lecture découverte

Dans l'œuf vert, il y a un petit perroquet.
Dans l'œuf violet, il y a un petit serpent.
Dans l'œuf rose, il y a une petite autruche.
Dans l'œuf bleu, il y a un petit crocodile.
Dans l'œuf jaune, il y a un petit poussin.

c. Lecture découverte

Un petit perroquet sort de l'œuf vert.
Un petit serpent sort de l'œuf violet.
Une petite autruche sort de l'œuf rose.
Un petit crocodile sort de l'œuf bleu.
Un petit poussin sort de l'œuf jaune.

Phrases interrogatives

Objectifs Questionner le texte.
Repérer les signes de ponctuation.
Identifier les questions et les réponses.

Consigne Faire correspondre la bonne réponse à chaque question.

a. Lecture découverte

Qui est dans l'œuf vert ? Le petit perroquet !
Qui est dans l'œuf violet ? Le petit serpent !
Qui est dans l'œuf rose ? La petite autruche !
Qui est dans l'œuf bleu ? Le petit crocodile !
Qui est dans l'œuf jaune ? Le petit poussin !

b. Lecture découverte

Comment est l'œuf du petit perroquet ? Il est vert !
Comment est l'œuf du petit serpent ? Il est violet !
Comment est l'œuf de la petite autruche ? Il est rose !
Comment est l'œuf du petit crocodile ? Il est bleu !
Comment est l'œuf du petit poussin ? Il est jaune !

Aboutissement

Objectif Réaliser un petit livre à emporter et à relire à la maison.

Les œufs mystérieux

1 La poule a trouvé cinq œufs dans son nid. 

2 un œuf vert 

3 un œuf violet 

4 un œuf rose 

5 un œuf bleu 

6 et un œuf jaune. 

7 La poule couva ses cinq œufs pendant quatre semaines. 

8 L'œuf vert se fendit, un petit perroquet en sortit. 

9 L'œuf violet se fendit, un petit serpent en sortit ! 

10 L'œuf rose se fendit, une petite autruche en sortit ! 

11 L'œuf bleu se fendit, un petit crocodile en sortit ! 

12 L'œuf jaune se fendit, un petit poussin en sortit ! 

La poule aime beaucoup ses petits ! 

Le texte est polycopié ; les enfants peuvent faire eux-mêmes les illustrations correspondantes.

Les frères Grimm
Éditions Nord-Sud

Questionner un texte, en rechercher le sens

Pour échapper à leurs maîtres, qui veulent se débarrasser d'eux, quatre animaux décident d'aller à Brême pour devenir musiciens. Au cours de leur voyage, ils découvrent la maison des brigands, chassent les importuns et s'installent dans cette maison pour y finir tranquillement leur vie.

Le premier jour

Situation Narration de l'histoire.

Le deuxième jour

Lexique des animaux (selon le niveau des enfants)

le chat

le chien

l'âne

le coq

Lecture découverte

Les musiciens de Brême

Pour regarder par la fenêtre de la maison,
le chien monte sur le dos de l'âne ;
le chat monte sur le dos du chien ;
et le coq monte sur le dos du chat.

Mots connus : la maison, sur, monte, le chat.
Plusieurs réflexions spontanées, par référence à l'illustration, fusent.

LES ENFANTS – *C'est l'histoire des musiciens de Brême.*
– *C'est quand ils voient la maison des brigands.*
– *C'est le chien qui grimpe sur le dos de l'âne, le chat qui grimpe sur le dos du chien…*

Puis on revient au texte.

UN ENFANT, identifiant le titre
– *Le titre, c'est :* ***Les musiciens de Brême****.*

On remarque les mots qui se répètent dans le texte, on identifie **la maison**, **monte sur**, **le chat**.

UN ENFANT, lisant toute la phrase
– *Le chat monte sur… le dos du chien !*

L'ENSEIGNANT – *À quoi as-tu deviné que c'est* ***le dos du chien*** *?*

L'ENFANT – *Ça c'est* ***dos****, parce que je reconnais le* ***D*** *et le* ***O****, ça fait* ***DO****, et le* ***S*** *est muet, on ne l'entend pas ! Et* ***chien****, je l'ai deviné parce que je le vois sur l'image.*

UN AUTRE ENFANT, confirmant l'hypothèse
– *On voit que c'est* ***chien****, parce que ça commence comme* ***Chico*** *!* ***Chat*** *et* ***chien****, ça commence pareil, par un* ***CH*** *!*

Un enfant repère le groupe de mots identique dans chaque phrase : **monte sur le dos**. Le mot **chien** ayant été identifié, les enfants peuvent lire.

UN ENFANT – *Le chien monte sur le dos de… l'âne !*

L'ENSEIGNANT – *Où est écrit* ***âne*** *?*

L'ENFANT – *Je l'ai reconnu parce que je connais l'histoire !*

UN AUTRE ENFANT déchiffreur
– *C'est* ***âne****, parce qu'il y a un* ***A****, un* ***N*** *et un* ***E****, ça fait* ***âne****.*

UN AUTRE ENFANT, repérant le dernier mot **chat**

– ... monte sur le dos du chat. C'est le coq qui monte sur le dos du chat !

UN ENFANT *– C'est **coq**, parce que ça commence par un **C** et un **O**, comme **Coco** !*

L'ENSEIGNANT lit le début de l'histoire

– Pour...

UN ENFANT, identifiant **maison**

– Pour aller voir dans la maison !

L'ENSEIGNANT *– Par où regardent-ils ?*

LES ENFANTS *– Par la fenêtre !*

*– Moi je sais où c'est écrit **fenêtre** ! Ça commence par un **F**...*

L'ENSEIGNANT, pour favoriser la recherche

– Pour.............. la fenêtre de la maison...

LES ENFANTS *– Pour aller voir !*

– Pour voir !

– Pour regarder par la fenêtre !

Regarder est retenu parce que ça commence par un **R** et un **E**.

Le texte est entièrement relu. L'enseignant peut nommer un mot et demander aux enfants de le repérer dans le texte. La plupart des mots sont facilement retrouvés grâce à leur emplacement dans la phrase et à la relation des phrases entre elles (articulation du récit : d'abord, c'est le chien qui monte sur le dos de l'âne, puis c'est le chat qui monte sur le dos du chien, etc.).

Le troisième jour

Lecture découverte

L'âne dort sur le fumier.
Le chien dort derrière la porte.

Le chat dort devant l'âtre.
Le coq dort sur le perchoir.

Mots connus : dort, chat, chien, coq, âne.

Les enfants repèrent le verbe **dort**.

UN ENFANT – *C'est les animaux qui dorment dans la maison des brigands.*

L'ENSEIGNANT – *Où dorment-ils ?*

UN ENFANT – *L'âne dort sur le fumier, le coq sur le perchoir !*

Le sujet et le verbe étant lus, la fin de la phrase (complément de lieu) est facilement devinée. (Référence à la connaissance orale de l'histoire.)

LES ENFANTS – *L'âne dort sur le…*

– *C'est **fumier**, parce que ça commence comme **forêt**.*

– *Le chien dort………… la porte.*

– *Près de la porte !*

L'ENSEIGNANT – *Non, regardez bien le mot, ça commence par un **D** !*

Choix entre **devant**, **derrière**…, référence à ce qu'ils connaissent de l'histoire.

UN ENFANT – *C'est **le chien dort derrière la porte** !*

Le quatrième jour

Lecture découverte

> L'âne brait : « Hi ! han ! hi ! han ! »
> Le chien aboie : « Ouaf ! ouaf ! ouaf ! »
> Le chat miaule : « Miaou ! miaou ! miaou ! »
> Le coq chante : « Cocorico ! cocorico ! »

Mots connus : chat, coq, chien, âne, ainsi que certaines onomatopées qui ont déjà été rencontrées. Les enfants ont des réactions spontanées : ils identifient immédiatement la graphie particulière des onomatopées et les signes particuliers tels que les guillemets : « Ce sont les animaux qui crient pour effrayer les brigands ! » Les onomatopées sont identifiées par leur relation avec l'animal (le sujet) : chien – ouaf ; chat – miaou ; âne – hi, han…

Les enfants s'en donnent à cœur joie pour imiter les cris des animaux ! Ce faisant, ils sont amenés à bien articuler et entendent bien les phonèmes dans les mots.

Les enfants prélèvent des indices pour confirmer leurs hypothèses : ils mettent en relation les phonèmes (ce que l'on entend) et les graphèmes (ce que l'on voit).

LES ENFANTS – ***Hi, han**, ça commence par un **H**...*
– ***Ouaf**, ça se termine par un **F**...*
– *Un **C** et un **O**, ça fait **CO**, et encore **CO**, ça fait **COCO** ; un **R** et un **I**, ça fait **RI**, et encore **CO**, ça fait **COCORICO** !*

Les verbes sont identifiés par la relation entre l'onomatopée et l'animal.

L'ENSEIGNANT – *Que dit-on quand le chat fait **miaou** ?*

UN ENFANT – *Il miaule !*

Le verbe **braire** n'est pas connu, l'enseignant le lit. Puis le texte est relu dans son entier de manière expressive.

Application

Consigne Compléter les phrases avec les onomatopées.

L'âne brait :	OUAF ! OUAF !
Le chien aboie :	MIAOU ! MIAOU !
Le chat miaule :	HI ! HAN !
Le coq chante :	COCORICO ! COCORICO !

John Prater
Éditions Kaléidoscope

Développer l'imagination, la créativité

Un petit garçon laisse divaguer son imagination pendant une journée morne et sans histoire où il ne se passe rien ! Grâce à ses rêves, le paysage s'anime, il est transporté dans un monde merveilleux où des personnages familiers (les héros des albums) se mélangent : les trois ours, les trois petits cochons, le loup, la sorcière, le géant…

Exploitation

Objectifs Construire un récit. Inventer une histoire en associant des personnages de contes différents. Les mettre en relation. Respecter une trame logique, même si l'histoire est farfelue.

Consignes Découper des personnages des albums et imaginer une relation, un dialogue entre eux. Structurer l'espace : coller les personnages et les éléments en tenant compte de leurs relations. (Notions à découvrir : devant, derrière, à côté, dessus, sous, entre, en face…)

Matériel Photocopies de personnages ou d'éléments + colle + feuille + ciseaux.

Si la consigne est bien comprise, les enfants entrevoient l'obligation d'anticiper leur « histoire » avant de commencer à découper les personnages et de leur réserver une place sur la feuille. À mesure de la construction de l'histoire, l'enseignant pose des questions afin d'aider à surmonter les difficultés. Il peut donner des conseils pratiques pour faciliter les démarches. Il est recommandé de ne donner la colle qu'à la fin (lorsque les enfants auront sélectionné les personnages et les éléments de leur récit) afin de permettre une meilleure disposition de ceux-ci sur la feuille et éventuellement de pouvoir les changer de place. À la fin de l'exercice, les enfants dictent les dialogues entre les personnages à l'enseignant ; celui-ci trace les bulles, puis les remplit. À la fin de la séquence, on peut relier ces récits et en faire un album qui sera exposé à la bibliothèque et relu par les enfants.

Pef
Éditions
Gallimard

Favoriser une bonne articulation

C'est l'histoire d'un prince qui mène la belle vie mais qui parle « de travers ». Dans sa bouche, un château devient un chapeau, un drapeau se transforme en crapaud… Un jour, il rencontre la princesse Dézécolle, qui va lui réapprendre à parler !

Le premier jour

Situation Narration de l'histoire.

L'enseignant raconte l'histoire en montrant les images, ce qui permet aux enfants de « corriger » spontanément les erreurs de langage du prince de Motordu.

L'ENSEIGNANT – *Il habitait un chapeau magnifique.*

LES ENFANTS – *Mais non, un château !*

L'ENSEIGNANT – *Au-dessus duquel flottaient des crapauds bleu-blanc rouge.*

LES ENFANTS – *Mais non, des drapeaux !*

Jeu de langage

Situation Pendant plusieurs jours, nous nous amusons à parler de « travers », comme le prince de Motordu.

Consigne Remplacer un mot par un autre qui lui ressemble, appliquer le principe du verlan ; trouver des mots ayant la même consonance.

Ce jeu amuse beaucoup les enfants ; certaines trouvailles sont maladroites, d'autres sont plus judicieuses.

LES ENFANTS – *Maîtresse, on met les* **chansons** (chaussons) *pour aller en salle de jeux ?*

– *On fait des* ***sapins en verre*** (lapins en terre) *et on colle leurs pattes avec de la* ***clémentine*** (barbotine)…

– *On va faire une* ***palette*** (galette) *en* ***sapatelle*** (pâte à sel !)…

Situation L'enseignant parle aussi « de travers » ! Il raconte le début d'une histoire.

Consigne Deviner de quelle histoire il s'agit et corriger les erreurs.

L'ENSEIGNANT – *Il y avait une fois, trois petits torchons ! L'un a construit une maison en maille. Le deuxième a construit une maison en pois ! Le troisième a construit une maison en frites ! Le grand méchant pou voulait manger les trois petits torchons.*

Pendant plusieurs jours, l'ambiance en classe est à l'euphorie ! Les enfants s'amusent beaucoup, même ceux qui parlent peu d'habitude participent ! Ils corrigent spontanément les erreurs de l'enseignant, qui parle « de travers » ! Cet exercice est une excellente gymnastique de l'esprit. Il développe l'acuité auditive et favorise une bonne prononciation.

Le deuxième jour

Lecture découverte

Objectifs Identifier à l'oral et à l'écrit les mots « mal dits et mal écrits ». Prélever les indices qui changent le sens des mots. Émettre des hypothèses sur l'orthographe des mots, justifier et argumenter ses choix.

Consigne Comme la princesse Dézécolle, repérer les fautes dans le texte et les souligner au stylo rouge.

> Le petit pois est salade. Le petit pois voudrait la prune. La reine lui fait une bonne palette. Le petit pois range la palette.

L'enseignant lit la phrase en montrant chaque mot au cours de sa lecture. En indiquant « le petit pois est salade », il prononce « le petit roi est malade », etc.

Cette phrase ayant déjà été étudiée précédemment, les enfants n'ont pas de difficulté à repérer les fautes et sont ravis d'aller les souligner « comme la maîtresse Dézécolle ».

LES ENFANTS – *C'est pas **salade**, c'est **malade** avec un **M** !*

– *C'est pas **pois**, c'est **roi**, il faut mettre un **R** à la place du **P** !*

– *C'est pas **palette**, c'est **galette**, il faut mettre un **G** à la place du **P** !*

Le troisième jour

Lecture découverte

Objectifs Repérer les mots « mal dits et mal écrits », trouver le mot « juste ». Émettre des hypothèses sur l'orthographe des mots, les corriger éventuellement.

> *Menu du jour*
> Boulet rôti
> Purée de petits bois
> Pattes fraîches à volonté
> Suisses de grenouille
> Braises du jardin
> Confiture de murs de la maison

Il n'est pas nécessaire que les enfants sachent lire le texte.
L'enseignant lit le texte en montrant chaque mot et en articulant bien.
Les enfants corrigent spontanément au cours de la lecture.

L'ENSEIGNANT – ***B**oulet.*

L'ENFANT – *Mais non, **p**oulet !*

On souligne dans le texte tous les mots « mal dits ».

L'ENSEIGNANT – *Qui trouve la lettre qui change le sens du mot et la remplace par la lettre qui convient ?*

LES ENFANTS – ***Boulet**, il faut mettre un **P** pour **poulet** !*

– ***Bois**, il faut mettre un **P** pour **pois** !*

– ***Suisses****, il faut remplacer le* ***S*** *par un* ***C*** *!*

– ***Braises****, il faut mettre un* ***F*** *à la place du* ***B*** *pour* ***fraises****.*

Les orthographes de **Pattes** et de **murs** sont données par l'enseignant.

Objectifs Comparer deux mots. Savoir prélever des indices pour identifier un mot. Identifier certaines lettres. Distinguer les sons et les mettre en relation avec les graphèmes. Choisir la bonne orthographe.

Consigne Identifier le texte bien orthographié en opposition à celui qui est mal orthographié.

Menu « d'origine »	*Menu corrigé*
Boulet rôti	Poulet rôti
Purée de petit bois	Purée de petits pois
Pattes fraîches à volonté	Pâtes fraîches à volonté
Suisses de grenouille	Cuisses de grenouille
Braises du jardin	Fraises du jardin
Confiture de murs de la maison	Confiture de mûres de la maison

Les enfants n'ont pas besoin de savoir lire le texte. L'enseignant lit les groupes de mots en montrant chaque mot et en utilisant la prononciation correcte. L'enseignant lit : « Boulet rôti » et « poulet rôti » en prononçant pour les deux groupes de mots « Poulet rôti », puis demande aux enfants de souligner dans le texte les mots qui se ressemblent.

Entre les deux groupes de mots, les enfants doivent choisir celui qui correspond à l'orthographe correcte. Ils peuvent argumenter et justifier leur choix. Les enfants doivent trouver l'orthographe exacte, correspondant à la bonne prononciation.

UN ENFANT – *C'est* ***poulet rôti****, parce que ça commence par un* ***P*** *!*

Pâtes et **mûres**, difficiles pour les enfants, peuvent être expliqués par l'enseignant

Le quatrième jour

Réinvestissement

Consigne Inventer un menu à la manière du prince de Motordu.

Menu proposé par l'enseignant	*Menu « déformé » par les enfants*
Filet de poisson	Filet de poison
Steacks hachés	Steacks tachés
Chou farci	Pou farci
Salade de tomates	Salade de pommade
Petits suisses	Petites cuisses
Choux à la crème	Sous à la crème

Le cinquième jour

Application

Objectifs Développer le sens de l'observation. Être capable de reconstituer un mot avec des lettres placées dans le désordre. Favoriser la mémorisation de l'orthographe des mots.

Consignes À l'aide du dictionnaire des prénoms, rechercher et identifier le prénom correspondant au prénom déformé (composé des mêmes lettres placées dans le désordre). Écrire le mot exact à côté de chaque mot mal écrit.

tarmin	martin
idelane	adeline
lavérie	valérie
corale	carole
dinar	nadir

Le sixième jour

Application

Objectifs Développer le sens de l'observation et l'esprit critique. Prendre conscience de la relation entre les graphèmes (lettres) et les phonèmes (sons).

Situation Deux mots associés à un dessin.

Consigne Choisir le mot dont l'orthographe semble exacte en argumentant son choix. L'enseignant utilise des mots connus des enfants.

lapin	sapin
salade	malade
palette	galette
boule	poule

P. de Bourgoing
et Y. Calarnou
Éditions Calligram

Développer l'acuité auditive

Tom joue avec Tim, son petit chien et ami préféré. Il lui demande de lui rapporter des objets, mais Tim n'est pas très obéissant…

Le premier jour

Situation Narration de l'histoire.

Le deuxième jour

Lecture découverte

Tom lance la balle,
Tim rapporte une malle !

Tom lance une gomme,
Tim rapporte une pomme !

Tom lance une raquette,
Tim rapporte une baguette !

Tom lance une pelle,
Tim rapporte une pêche !

Mots répertoriés sur le dictionnaire

Tom

Tim

On peut également utiliser « Le dicomage de Tom et Tim », situé en p. 18 et 19 de l'album.

Les enfants reconnaissent rapidement les noms de leurs personnages favoris, Tim et Tom : « C'est l'histoire de Tim et de Tom ! »

On les repère dans le texte. Les enfants remarquent l'alternance « Tim, Tom, Tim, Tom... » ; on compare ces deux mots (phonèmes **im** et **om**).

Un enfant repère le mot **pomme**, qui est connu, un autre trouve **balle** facile à déchiffrer.

La mise en relation entre **Tom** et la **balle** permet de repérer **lance**.

UN ENFANT, lisant

– *Tom lance la balle.*

L'hypothèse est confirmée.

UN ENFANT – *C'est* ***lance*** *parce que ça commence par un* ***l****.*

UN ENFANT, se référant à la connaissance orale de l'histoire

– *Tim cherche la malle !*

L'ENSEIGNANT – *Ce n'est pas* ***cherche****, regardez bien le mot.*

UN ENFANT, déchiffreur

– *Rrraapp... c'est rapporte !*

On recherche dans le texte tous les mots identiques : **lance** et **rapporte**.

L'ENSEIGNANT – *Qui lance la balle ?*

UN ENFANT – *Tom.*

L'ENSEIGNANT – *Qui rapporte la malle ?*

UN ENFANT – *Tim.*

L'ENSEIGNANT – *Que lance encore Tom ?*

LES ENFANTS – *Une gomme, une pelle, une raquette...*

L'ENSEIGNANT – *Qui trouve ces mots ?*

Émission d'hypothèses, prises d'indices, vérification des hypothèses :
- par relation entre deux mots qui se ressemblent ;
- par référence au sens logique et à la connaissance de la chronologie de l'histoire ;
- par la mise en relation entre le sujet (Tom ou Tim) et l'objet ;
- par le déchiffrage partiel.

LES ENFANTS – *Ça, c'est **gomme** parce que c'est comme **pomme** !*

– *Ça c'est **pelle** parce que Tom lance la pelle, et ça c'est **pêche**, parce que c'est Tim qui rapporte une **pêche** !*

– *Ça c'est **raquette**, parce que ça commence par un **R** et un **A**, ça fait **RA**.*

L'enseignant suggère de repérer deux mots qui se « ressemblent », de trouver ce qui est pareil, ce qui change, de nommer les lettres. Il favorise la prise de conscience de la relation entre graphèmes et phonèmes.

L'ENSEIGNANT, montrant les mots **balle** et **malle**

– *Quel mot représente le jouet, quel mot, le coffre ?*

LES ENFANTS – *C'est **balle** parce que ça commence comme **Bouboule**, par un **B** !*

– *C'est **malle**, parce que ça commence par un **M**, comme **maman** !*

On remarque, qu'en règle générale, c'est le début du mot qui change et que la fin est identique.

Le troisième jour

Objectif Réaliser un petit livre.

Matériel Les personnages sont photocopiés.

Consigne Faire correspondre à chaque phrase l'illustration qui convient.

Les objets lancés par Tom et rapportés par Tim peuvent être dessinés par les enfants.

Tim et Tom
La colère de Tom

Tom lance la balle

Tim rapporte la malle

....

Le quatrième jour

Approfondissement

Consignes Lire le texte. Comparer avec le texte précédent : « Qu'est-ce qui change ? ».

Tom lance la malle,
Tim rapporte la balle !

Tom lance la pomme,
Tim rapporte la gomme,

Tom lance la baguette,
Tim rapporte la raquette,

Tom lance la pêche,
Tim rapporte la pelle !

Cet exercice permet de vérifier si les enfants repèrent les mots malgré leur emplacement différent dans le texte. Ce jeu amuse beaucoup les enfants.

Prolongements

Exercice 1

Objectif Reconstituer l'ordre chronologique de l'histoire.
Matériel Bandes sur lesquelles sont écrites les phrases du texte initial.
Consigne Mélanger les bandes et retrouver l'emplacement de chacune d'entre elles.

Exercice 2

Objectif Compléter deux phrases en choisissant le mot qui convient.

Matériel Deux bandes avec les phrases suivantes : TOM LANCE | TIM RAPPORTE
+ des étiquettes avec les mots suivants :
une malle, une balle, une pomme, une gomme, une pelle, une pêche, une raquette, une baguette.

Consigne Compléter les phrases en choisissant deux mots qui se ressemblent et en les plaçant au bon endroit.

TOM LANCE	UNE BALLE	UNE GOMME	UNE PELLE	UNE RAQUETTE
TIM RAPPORTE	UNE MALLE	UNE POMME	UNE PÊCHE	UNE BAGUETTE

Exercice 3

Consigne Découper les mots, associer deux mots qui se ressemblent et les coller à côté du dessin qui convient.

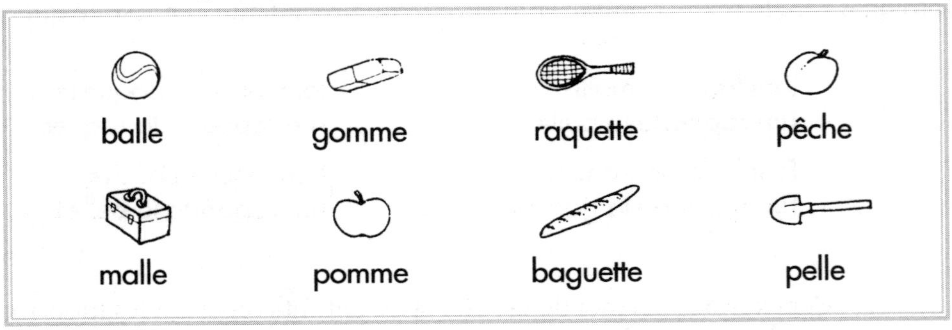

Aboutissement

Objectif Réaliser un petit livre du même type.

Consigne Inventer une histoire similaire dans laquelle Tom lancerait et Tim rapporterait d'autres objets.

Pour faciliter l'exercice, l'enseignant peut prévoir les réponses en nommant ce que lance Tom.

L'ENSEIGNANT – *Tom lance un bouton.*
UN ENFANT – *Tim rapporte un mouton, un bonbon...*
L'ENSEIGNANT – *Tom lance un bâton.*
UN ENFANT – *Tim rapporte un raton, un chaton, un savon...*

Les pages seront reliées dans l'ordre chronologique de l'histoire. Chaque enfant illustre une séquence.

Tom et Tim
La colère de Tom

Tom lance un bouton

Tim rapporte un mouton

Tom lance une boule

Tim rapporte une poule

Tom lance un coussin

Tim rapporte un poussin

Tom lance un œuf

Tim rapporte un bœuf

Autres exemples : chapeau/drapeau, boule/poule, poisson/boisson, gilet/filet, coussin/poussin, savate/cravate, râteau/gâteau.

Pomme d'Api n°307
Septembre 1991
Éditions Bayard Presse

Manipuler des lettres et s'entraîner à l'écriture phonétique

Dans son école, Titou, le petit Troll, apprend à lire : ce n'est pas difficile ! La langue des Trolls ne comporte que trois lettres : A, E et K ! Par exemple, pour « Bonjour ! », les Trolls disent « ek-ka-ake ! », pour « Bonsoir ! », ils disent ek-ka-ak ! »

Le premier jour

Situation Narration de l'histoire.

Le deuxième jour

Objectif Imaginer des mots nouveaux en utilisant ces trois lettres E, K et A.

Matériel Un tableau en feutre (ou magnétique), des lettres (E, A et K) en flocage (ou magnétiques).

Situation L'enseignant présente l'école des Trolls : « À l'école des petits Trolls, on n'utilise que trois lettres pour apprendre à lire, le A, le E et le K ! »

L'enseignant demande aux enfants d'aller placer sur le tableau un A, un E, puis un K.

L'ENSEIGNANT – *Comment les petits Trolls disent-ils* ***bonjour*** *?*

LES ENFANTS – *Ek-ka-ake !* (se prononce **ekaèk.**)

L'enseignant écrit ce mot au tableau à l'aide des lettres.

L'ENSEIGNANT – *Comment les petits Trolls disent-ils* ***bonsoir*** *?*

LES ENFANTS – *Ek-ka-ak ! (se prononce **ekaak**.)*

L'enseignant écrit ce mot avec les lettres au tableau. Il demande aux enfants de comparer les deux écritures et leurs prononciations respectives.

L'ENSEIGNANT – *Comment pourraient-ils dire **merci** en n'utilisant que ces trois lettres ?*

UN ENFANT – *Ek-ka-ka !*

L'enseignant demande à l'enfant d'aller écrire ce mot à l'aide des trois lettres. D'autres idées sont trouvées.

L'ENSEIGNANT – *Comment les petits Trolls pourraient-ils dire **bonne nuit** ?*

UN ENFANT – *Ak-ke !*

L'ENSEIGNANT – *Et **au revoir** ?*

UN ENFANT – *Ka-ke-ke !*

L'ENSEIGNANT – *Et **s'il vous plaît** ?*

UN ENFANT – *Ka-ek !*

L'ENSEIGNANT – *Et **à bientôt** ?*

UN ENFANT – *Ak-ke-ak !*

Les mots ne sont pas toujours bien orthographiés ; si cet exercice est trop difficile, l'enseignant peut lui-même écrire les mots inventés par les enfants.

À la fin, il peut nommer un mot et demander aux enfants de l'identifier parmi les autres mots.

L'ENSEIGNANT – *Savez-vous comment les petits Trolls disent **bonne nuit**… Ils disent **ak-ke** ! Qui peut montrer ce mot au tableau ?*

Par ce jeu amusant, les enfants prennent conscience de la relation entre langage écrit et langage parlé (relation grapho-phonétique) et s'initient au déchiffrement. Ils réalisent que la prononciation change selon l'emplacement des lettres dans les mots (ex : ak et ka). Pour comprendre le principe de la lecture, il est plus efficace d'aborder plusieurs lettres en les combinant que d'étudier les lettres séparément.

Le troisième jour

Objectif Imaginer des mots nouveaux en utilisant ces trois lettres : I, A et L.

Matériel Un tableau en feutre (ou magnétique) + des lettres (I, A et L) en flocage (ou magnétiques).

Consigne Fabriquer des mots avec les trois lettres A, I et L.

L'ENSEIGNANT – *Non loin des petits Trolls, habitent les petits Lutins ! À l'école des petits Lutins, on n'utilise que trois lettres pour apprendre à lire : I, A et L. Comment les petits Lutins pourraient-ils dire* ***bonjour*** *?*

Les propositions sont nombreuses, on retient les suivantes.

UN ENFANT – *Alali !*
L'ENSEIGNANT – *Et* ***au revoir*** *?*
UN ENFANT – *Lilila !*
L'ENSEIGNANT – *Et* ***merci*** *?*
UN ENFANT – *Ali !*
L'ENSEIGNANT – *Et* ***s'il vous plaît*** *?*
UN ENFANT – *Lalila !*
L'ENSEIGNANT – *Et* ***bonne nuit*** *?*
UN ENFANT – *Alala !*
L'ENSEIGNANT – *Et* ***à bientôt*** *?*
UN ENFANT – *Lila !*

L'enseignant demande aux enfants d'écrire ces mots au tableau en employant les trois lettres.

Dans cet exercice, plus facile que le précédent, de nombreux enfants sont capables de reconstruire les mots avec les lettres mobiles ; il y a très peu d'erreurs.

Le quatrième jour

Objectifs Initier au déchiffrage. Prononcer différemment selon l'emplacement des lettres.

Consigne Comparer les petits mots, les déchiffrer.

Mots écrits au tableau :

il – li   os – so   car – arc   lac – sac   col – sol   vole – vélo   mare – rame

Le cinquième jour

Objectifs Étudier les lettres : A, R, M et E. Trouver des combinaisons différentes de quatre lettres. Changer le sens d'un mot en intervertissant l'ordre des lettres dans le mot.

Matériel Un tableau + des lettres mobiles.

Consignes Prendre chacun quatre lettres (A, R, E, M) et composer un mot différent.

Les enfants remarquent que certains mots ont un sens (mare, arme, rame) et que d'autres n'en ont pas.

Le sixième jour

Consigne Trouver toutes les combinaisons possibles avec ces trois lettres : C, A et R.

Habitués à ce genre d'exercices, plusieurs enfants sont capables de déchiffrer tous les mots !

Il n'est cependant pas indispensable que les enfants sachent lire tous les mots qu'ils ont « fabriqués ».

Marie-Aline Bawin
Éditions Mango

Développer l'acuité visuelle

Tom a perdu son Poupoundane ;
il le cherche partout avec ses parents.
Mais en vain, le Poupoundane a disparu !
Personne ne sait ce qu'est un Poupoundane,
sauf ce garnement de Tom bien sûr !
Cette histoire ravit les enfants
et les tient en haleine :
personne ne devine que le Poupoundane
est son hippopotame !

Jeu de devinettes

Objectif Étude de la phrase : « Tom cherche son Poupoundane. »

Situation L'enseignant invente une suite à cette histoire : « Tom a d'autres jouets : un ours, un éléphant, un chien, une voiture… Le lendemain, Tom cherche… »

Consigne Deviner de quoi il s'agit en se référant aux jouets qui traînent dans la chambre de Tom.

L'ENSEIGNANT – *Le lendemain, Tom cherche son « phanphan ».*

Les enfants doivent deviner qu'il s'agit de son éléphant.

L'ENSEIGNANT – *Tom cherche son « nounours ».*

Exercice de lecture

Objectif Identifier un mot par prélèvement d'indices.

Situation L'enseignant écrit les mots au tableau, deux par deux.

Consigne Trouver le mot exact de chaque animal et distinguer le mot « bébé » du mot correct.

phanphan – éléphant  ours – nounours 

wou wou – chien  bouée – poupée 

tracteur – tateur  vroum vroum – voiture 

poupoundane – hippopotame 

L'illustration indique de quel objet il s'agit.

En comparant les mots, les enfants prélèvent certains indices qui leur permettent d'identifier le mot correct.

On identifie **chien** parce que « Ça commence comme **Charlotte** ! », **Ours** parce que c'est un mot bien connu. **Poupée** parce qu'on entend le **P** de **papa** et pas le **B** de **bébé** ! **Hippopotame** parce qu'il y a un **H**...

Achevé d'imprimer en avril 1996
sur les presses de
l'Imprimerie Carlo Descamps
à Condé-sur-l'Escaut
Dépôt légal : avril 1996
N° d'imprimeur : 96161
N° d'éditeur : 776

Conception et mise en page : Studio Primart
Illustrations : Chica
Préparation : Valérie Blondel
Corrections : Katia Lièvre